공병호 미래 인재의 조건

공병호 미래 인재의 조건

21세기북스
www.book21.com

어떤 능력이 필요한가?

세상살이는 주고받는 관계로 이루어진다. 한마디로 공짜가 없다. 누구든지 직장 생활이나 사업을 하면서 "내가 과연 다른 사람에게 무엇을 줄 수 있는가"라는 질문에 대해 확실한 답을 갖고 살아가는 것은 대단히 중요한 일이다. 이것이 자신과 가족의 생계와 행복, 미래의 가능성과 인간다운 삶의 여부를 결정하기 때문이다.

직접 만나거나 강연 혹은 인터뷰 등을 통해 만나는 사람들에게서 흔히 느끼는 점이 하나 있다. 바로 다른 사람에게 무언가를 제공할 수 있는 능력을 갖추었는지, 미래를 제대로 준비하기 위해 어떤 능력이 필요한지 정확히 인식하면서 하루하루 삶을 꾸려 가는 경우가 흔치 않다는 점이다.

직업인으로서 내 삶을 되돌아보면 지난 20여 년은 늘 "고객과 고용주에게 제공할 수 있는 능력을 정확히 인식하고, 이를 구체화하기 위해 체계적으로 노력한 과정이었다"라고 말할 수 있다. 물론 그 과정에서 이런저런 시행착오를 경험하기도 했지만 하나의 뚜렷한 방향은 다른 사람에게 제공할 수 있는 제대로 된 능력, 즉 '경쟁력을 가진 능력'을 계발하는 데 많은 시간과 에너지를 할애해 왔다는 것이다.

처음에는 막연하게 시작했지만, 구체적인 노력이 더해지면서 분명한 해답을 갖추게 되었다. 이 과정에서 준비하는 삶의 중요성을 뼈저리게 느낄 수 있었다. 또한 이렇게 준비하는 생활이 어떤 삶을 보장해 주는 가에 대해서도 체험적으로 느끼는 것이 많았다. 근래에는 주변 지인들을 통해 준비하지 못한 사람이 치러야 할 비용이 얼마나 큰지 보고 느끼고 있다. 따라서 이런 준비는 빠르면 빠를수록 좋다.

사실 우리의 삶은 부모와 자식 관계처럼 몇 가지 예외적인 경우를 제외하면 대부분 주고받는 관계로 이루어진다. 그렇다면 현재뿐 아니라 미래에도 고객이나 다른 사람에게 제공할 수 있는 능력에 따라 우리 삶의 가능성이 크게 달라진다는 사실을 새삼 강조할 필요가 없을 것이다. 우리 모두는 길고 긴 인생에서 자유로운 삶을 꿈꾼다. 그 자유는 결국 직업인으로서 다른 사람을 만족시킬 수 있는 능력으로 어떤 것을 갖고 있는지에 따라 크게 좌우된다.

이 책은 이 시대를 함께 살아가는 직장인과 생활인한테서 발견할 수 있는 문제점에 부분적인 해답을 주기 위해 기획되었다. 이런 문제의식에서 출발했지만, 개개인 모두에게 맞춤형 솔루션을 제공할 수는 없다. 그러나 이 책이 문제의식을 환기시키고, 자신의 문제를 구체화한 다음 해답을 구하는 데 실용적인 조언을 해 줄 수 있으리라 믿는다.

이 책은 네 개의 부로 구성되었다. 제1부는 보통 사람이 실천하고 있는 자기계발의 현주소와 문제점을 파악하고 나서 본받을 만한 성공적인 사례를 들고 있다. 제2부는 미래 인재의 조건을 갖추기 위한 이론적 토대로, 미래 인재의 성공 조건을 뽑아내는 방법을 소개한다. 그리고 사람들이 '미래 인재로 거듭나기 위한 성공의 조건'으로 무엇을 중요하게 생각하는지 잠시 살펴본다. 제3부에서는 미래 인재가 갖추어야 할 열 가지 조건을 구체적으로 하나하나 설명하고 있는데, 우리에게 이미 익숙한 능력도 있을 것이고 생소한 부분도 있을 것이다. 마지막으로 제4부는 총체적으로 미래 인재 되기 프로젝트를 성공시키기 위한 실천 방법에 대한 여러 가지 조언을 담고 있다. 일종의 실천 전략으로 이해하면 된다.

끝으로, 인재시장에서 요구되는 능력은 미래에도 크게 변화하지 않으리라고 본다. 이는 우리가 생각하는 것만큼 "세상은 아주 빠르게, 아주 크게 바뀌지 않는다"라는 믿음에 바탕을 두고 있다. 유행과 본질을 구분한다면 인재에게 요구되는 본질은 포장을 어떻게 하든지 간에 짧은 시간에 큰 변화를 보이지 않는다. 그러므로 충분히 예상 가능한 능력이 많다. 여기서 예상 가능하다는 것은 곧 사전에 제대로 준비할 수 있다는 의미를 가진다.

이 책이 미래를 준비하는 데 큰 역할을 할 수 있기를 바란다. 20여 년 동안 직업인으로서의 삶을 되돌아보면서 깨친 것이 있다면 결국 세상은 준비하는 자의 몫이라는 사실이다. 자신을 그런 인재로 만들어 가는 프로젝트에서 꼭 성공하기를 기원한다.

2008년 5월

공병호

CONTENTS

CONTENTS

체감 정년
49.8세,
미래의 자신을
준비하라

1

01 평생 자기계발이 요구되는 한국 직장인의 현실

직업의 안정성이 크게 떨어지는 시대, 미래의 불확실성이 현저하게 높아지고 있는 시대, 자기 책임의 영역이 대폭 확대되는 시대, 반면에 은퇴 이후의 시간은 믿을 수 없을 만큼 길어지는 시대! 이런 상황에서 직업 세계에 몸담고 있는 사람, 특히 조직에 몸담고 있는 직장인은 미래를 위해 무엇을 어떻게 준비해야 하는지 고민하지 않을 수 없다. 사람에 따라 정도는 다르겠지만, 이는 어느 분야에서 어떤 일을 하고 있든지 간에 대다수 직장인들의 공통된 고민거리임에 틀림없다.

앞으로도 이 같은 상황은 나아지지 않을 것이다. 정년이 보장되는 공적 성격을 띤 조직이라면 그나마 나을지 모르지만, 사기업의 경우에는 '가혹함'이란 단어로 그 상황을 표현할 수 있을 정도다. 요즘은 40대 후반 즈음해서 벌써 조직을 떠나기 시작하는 대학 동기를 위로하거나, 새 출발을 격려하는 저녁 자리에 참석할 기회가 심심찮게 있다. 그리고 50대 초·중반에 조직을 떠나 무엇을 어떻게 해야 할 것인지를 두고 어려움을 경험하는 지인들을 만날 기회가 종종 있다. 그때마다 조직이 한 사람에게 과연 어떤 의미를 갖는가를 생각하게 된다. 대개 친구들과 지인들은 대학 졸업과 함께 입사해서 20년 이상을, 일부 지인은 30년을 그들 조직에 몸담고 있었다. 그동안 이런 상황에 처한 친구나 지인들 가운데 제대로 준비하고 조직을 떠난 사람은 손에 꼽을 정도다. 그냥 어떻게 하다 보니까 "어, 어 하는 사이에 이런 상황에 처하고 말았다"라고 답하는 친구나 지인이 대부분이었다.

기업 조직은 출발지를 떠나서 어떤 목적지를 향해 가는 버스와 같다. 목적지에 도달하기까지 여러 정류장을 거쳐야 하고 정류장마다 오르내리는 사람이 있게 마련이다. 버스에 남는 사람이 있는 반면에 내리는 사람이 있다. 조직이란 버스는 조직의 생존과 성장이라는 분명한 목적지를 가졌다. 그 분명한 목적지를 향해 가는 여행길에서 처음에는 그 조직에 딱 들어맞는 사람이라 하더라도 세월이 흐르고 주변 환경이 바뀌게 되면 조직에 필요 없는 사람이 돼 버리는 경우가 발생한다.

40대 후반에 조직을 떠나는 친구들의 사정을 귀담아들어 보면 게으름을 피운 사람은 거의 없다. 임원이 되기 바로 직전까지 올라가는 과정에서 저마다 조직이 기대하는 이상의 사람이 되기 위해 노력해 왔다. 그러나 세상살이가 그렇듯 자신이 통제할 수 없는 여러 가지 예상하지 못한 변화가 일어난다. 조직이 기존 사업을 축소하고 새로운 사업을 확대하면서 새로운 인재를 필요로 할 때도 있고, 비용 절감이나 효율성 향상을 위한 구조조정 차원에서 인력을 정리할 때도 있고, CEO가 바뀌면서 조직 경영의 방향을 바꾸는 경우도 있다. 때로는 조직 내부 사내 정치의 희생양이 되기도 한다. 그 원인이 무엇이든 간에 이런 상황이 일어나게 되면 자의 반 타의 반으로 조직을 떠나는 사람이 생긴다.

한때 조직에 큰 성과를 안겨 주기도 하고 다른 조직원들에게 부러움의 대상이 되었던 사람도 예외가 아니다. 이런 상황에 처한 사람이라면 '용도폐기(用度廢棄)'라는 단어처럼 '이제 조직에서 더 이상 쓸모가 없구나' 하는 생각 때문에 자괴감을 느낄 수도 있지만, 본래 조직과 구성원 사이의 관계가 그런 것이다.

조직과 직장인 사이의 관계를 생각할 때 관점(perspective)을 사용자, 즉 조직의 입장에서 이해할 필요가 있다. 그렇다면 버스를 계속 타게 하거나 내리도록 하는 일에 대해 더 확실한 이해를 할 수 있다. 적어도 훗날 지나간 시간에 대해 후회하는 잘못은 피할 수 있다. 본래 사람은 매사를 자기중심적으로 보기 때문에 근로자는 평소 사용자(조직)의 관점을 제대로 이해할 필요가 있다. 그래야 나중에 후회할 일을 피할 수 있다. 그러나 이런 관점을 자신이 적극적으로 구하거나 가슴으로 받아들이지 않는다면 소용이 없다. 남이 아무리 가르쳐 주어도, 책에서 아무리 강조하더라도 스스로 마음으로 받아들이고 행동으로 옮기지 않는 한 소용없는 짓이다.

『좋은 기업을 넘어…위대한 기업으로』의 저자인 짐 콜린스(Jim Collins)는 위대한 기업을 향해 나아가는 조직이 사람을 내보낼 때 어떤 원칙을 지키는지에 대해 "엄격하지만, 비정해서는 안 된다"는 취지로 3가지 실천 지침을 제시한다. 그 중 두 번째 지침인 "사람을 바꿀 필요가 있다는 것을 알게 되면 즉시 실행하라"는 주장 가운데 다음과 같은 내용이 들어 있다. 직장인이라면 고용주의 시각이라 생각하고 귀담아들어 둘 필요가 있다. 이런 메시지가 현재에 어떤 의미를 갖는지 새기고 제대로 준비할 수 있어야 한다.

우리는 버스에다 부적합한 사람을 태우고 있고 또 그것을 알고 있다. 그러나 우리는 기다리고, 늦추고, 대안을 시도하고, 세 번, 네 번의 기회를 주고, 또 상황이 좋아지기를 바라고, 그 사람의 단점을 보완할 약간의 시스템을 구축하는 등등의 일을 한다. 그래도 상황은 좋아지지 않는다. 집에 갈 때도 우리는 그 사람에 대해 생각하며 우리의 에너지가 분산되는 걸 발견한다. 더 심하게 말하면, 그 한 사람에게 들이는 모든 시간과 에너지는 적임자들과 함께 일하면서 전진하는 데 써야 할 시간과 에너지를 유용하는 셈이다. 우리는 그 사람이 제 발로 걸어 나가거나(우리는 크게 안도한다) 우리가 결국 행동에 옮길 때까지(우리는 역시 크게 안도한다) 줄곧 망설인다. 그 사이에 우리의 가장 좋은 사람들은 '뭣 때문에 저리 오래 끄는 거지?' 하며 궁금해한다.

부적격자를 매어 두는 것은 적합한 사람들 모두에게 불공평하다.

그들이 부적격자의 모자라는 부분을 보완해 주지 않을 수 없기 때문이다. 더 나쁜 경우에는 최고의 인재들을 몰아내는 결과까지도 낳을 수 있다. 일을 아주 잘하는 사람은 본능적으로 실적에서 동기를 부여받는데, 가욋일 때문에 자신의 일이 지장을 받는 걸 알면 결국에는 좌절하게 된다.

행동하기 전에 너무 오래 기다리는 것은 버스에서 내려야 하는 사람들에게도 역시 불공평하다. 어떤 사람이 결국 여기서는 성공하지 못하리라는 걸 알면서도 그가 자리를 계속 꿰차고 있게 하는 순간순간마다, 당신은 그 사람의 인생 한 부분, 즉 자신이 꽃을 피울 수 있는 더 나은 곳을 찾으며 보낼 수 있는 시간을 빼앗고 있는 것이다. 사실 스스로에게 정직해진다면, 우리가 너무 오래 기다리는 이유는 흔히 그 사람에 대한 배려보다는 우리들 자신의 편의와 더 많은 관계가 있다.

『좋은 기업을 넘어⋯위대한 기업으로 Good to Great』
(짐 콜린스, 김영사, 2002, pp.94-96).

사실 조직의 경영자라면 짐 콜린스가 묘사한 상황과 늘 맞닥뜨리게 된다. 우수한 직원일지라도 어쩔 수 없는 상황 변화로 인해 조직이 원하지 않는 직원이 될 수도 있고, 그럴 경우 내보낼 수밖에 없는 상황에 이르게 된다. 솔직히 말하면 조직이 중·장기적으로 구성원 개개인에게 무언가를 확실하게 약속하는 일이 점점 어려워지고 있다. 물론 조직이 어떤 것을 지향하며, 이를 위해 노력하겠다는 수

준 정도의 약속은 가능하다. 그러나 구성원에게 미래의 어느 날을 두고 확실한 약속을 하는 것은 거의 불가능하다. 조직을 이끄는 경영자일지라도 3년, 5년, 그리고 10년 앞을 내다보는 일은 어렵다. 오늘날과 같은 기업 환경, 더욱이 앞으로 예상되는 기업 환경의 변화를 고려하면 경쟁은 날로 치열해지고 이에 따라 불확실성은 계속 커질 수밖에 없기 때문이다.

사람은 자신이 직접 경험해 보기 전에는 다른 사람의 입장을 제대로 이해하기가 힘들다. 물론 입으로는 "당신의 입장을 충분히 이해할 수 있다"라고 말할 수도 있지만, 자기 사업을 하면서 성공과 실패를 경험하거나 아니면 CEO처럼 최종 결정을 하는 위치를 경험해보지 않으면 아무래도 고용된 사람의 입장에서만 생각하게 된다. 이런 관점을 벗어나지 못한다면 직장인은 다가오는 미래에 큰 비용을 지불하는 상황과 자주 맞닥뜨리게 될 것이다.

내가 여러분이라면 조직을 철두철미하게 계약체로 이해할 것이다. 공동의 목적을 달성하기 위해 그 목적에 동의하는 사람들이 맺는 계약의 총합으로 이해하면 된다. 계약에는 주고받는 관계, 즉 권리와 의무 관계가 따른다. 환경이나 상황이 바뀐다면 조직이 요구하는 사항은 얼마든지 달라질 수 있다. 그런 상황이 되면 조직의 요구를 충분히 만족시킬 수 있느냐는 점이야말로 버스를 계속 타야 할 것인지, 아니면 버스에서 내려야 하는지를 결정하는 중요한 기준이 된다. 그리고 어떤 경우에는 자신의 계획에 따라 자발적으로 버스에서 내릴 수도 있다. 꼭 필요한 인재라면 조직이 아쉬워할 수도 있고 섭섭해할 수도 있지만, 그런 것에 연연하지 않고 선택할 수 있어야 한다.

물론 이 같은 주장에 대해 다소 섭섭하다는 생각이 드는 사람도 있겠지만, 그동안 조직 생활을 통해 내가 갖고 있는 생각은 단호하다. 누구든지 깔끔하게 조직과 자신 사이의 관계를 정리하고 조직 생활에 임하는 것이 유리하다. 때로는 조직과 관련해 '생존권 보장'이라는 말이 떠오를 수도 있다. 그러나 생존권과 관련해 조직이 책임져야 할 부분은 별로 없다고 생각한다. 적합하지 않은 사람의 생존권을 조직이 보호해야 한다는 것은 달리 말하면 조직이 갖고 있는 자원을 사용해 부적격자에게 경제적으로 합리화될 수 없는 지원을 계속 해 주어야 한다는 것을 뜻한다. 그러나 세상사는 주고받는 관계로 이루어진다. 줄 수 있는 것이 없다면 받을 수 있는 것도 없어야 공정하다. 서양 속담에 "주는 것을 그만두면 받는 것도 끝나며, 배우기를 그만두면 성장도 끝난다(The day I stop giving is the day I stop receiving. The day I stop learning is the day I stop growing)"라는 말이 있다. 이것이 세상사의 진실이다.

이런 관점에서 보면 직장인은 회사가 어떤 선택을 하더라도 나름대로의 방법으로 자신의 현재뿐 아니라 미래까지 보호할 수 있어야 하고, 자신만의 경쟁력을 유지하기 위해 끊임없이 노력해야 한다. 조직과 자신의 관계를 주고받는 관계처럼 '쿨(cool)'하게 정의할 수 있다면, 그때 비로소 자신이 제대로 살고 있는지, 제대로 준비하고 있는지 등의 질문에 답을 찾을 수 있다. 우리는 자신과 조직 사이에 제대로 된 관점을 갖고 살아야 한다.

이 글을 쓰기 시작할 때쯤 나는 한국에서 내로라할 정도로 잘나가는 어느 그룹 계열사에서 입사한 지 12년 차 되는 과장급 직원들에게 강연할 기회가 있었다. '자기혁신 프로젝트'라는 이름의 강연이었는데, 강연 중간에 지난 12년 동안 조직에 머물면서 다른 사람이나 몸담고 있는 조직의 미래에 대비해 자랑스럽게 내놓을 수 있는 것이 무엇인지 당장 적어 보라는 주문을 했다.

　　나는 단상에서 강연하다 말고 청중 속으로 내려와서 200여 명이 앉아 있는 좌석 사이를 오가면서 30대 후반의 과장들이 어떤 답을 쓰고 있는지 확인하고 몇몇 사람에게 자신의 답을 이야기해 보라고 요구했다. 아예 쓰지 못한 사람, 한두 가지를 쓴 다음에 생각을 짜내기 위해 고심하는 사람, 일곱 가지 정도로 정리한 사람도 있었다. 다양한 반응을 얻을 수 있었지만 제대로 준비된 사람은 소수 가운데서도 소수에 지나지 않았다. 요컨대 지난 12년 동안 미래를 위해 제대로 준비하고 있다고 자신 있게 이야기할 수 있는 사람은 그야말로 가뭄에 콩 날 정도에 불과했다. 그렇다면 이것이 이 조직만의 문제일까? 그렇지 않다. 이는 대부분의 워크숍이나 강연에서 만나게 되는 우리 직장인의 현주소다. 비슷한 경험을 할 때마다 이 책을 써야할 필요성을 느껴 왔고, 이제야 그것을 실천에 옮기게 되었다.

02 자기계발에 투자하는 직장인들의 오늘 현재 모습

실태 조사 결과로 살펴본 개인들의 자기계발 노력들

주 5일제가 실시되면서 직장인이 자기계발을 위해 투자할 수 있는 시간이 크게 늘어났다. 그러나 직장에서 일을 마치고 퇴근한 이후부터 다음 날 출근할 때까지의 시간을 어떻게 사용하는가는 사생활 영역에 속하기 때문에 속속들이 그 실상을 파악할 수는 없다. 이 시간대는 개개인의 습관과 목표, 계획, 가치관 등에 따라 다양한 모습을 갖게 된다.

자기계발에서 어느 정도의 성과를 거두었기 때문인지 강연이나 모임, 인터뷰를 할 때마다 "하루를 어떻게 보내고 있는가", 즉 일정 관리에 대한 부분과 "자기계발을 어떻게 하고 있는가"라는 질문을 자주 받는다. 내가 다른 사람들이 사생활 영역에서 시간을 어떻게 보내고 있는지에 관심을 갖는 것처럼 다른 사람들 역시 내가 어떻게 자기계발을 하고 있는지 궁금증을 갖고 있기 때문일 것이다.

보통 직장인은 어떻게 자기계발을 하고 있을까? 어느 정도의 시간과 비용을 투자하고 있을까? 어떤 방법으로 자기계발을 하고 있을까? 그리고 무엇을 자기계발의 대상으로 삼고 있을까? 이런 다양한 의문점이 떠오르지만 공신력을 가진 기관에서 일정한 기간에 걸쳐 꾸준히 시행한 실태 조사를 찾기란 힘든 일이다. 최선의 방법은 아니지만 차선으로 일부 전문 조직에서 일정한 표본 집단을 상대로 실시한 설문 조사 결과를 참조해, 평균적인 직장인의 자기계발에 대한 전체적인 윤곽을 파악해 보면 많은 도움이 될 수 있다. 다음은 세 기관에서 행한 조사 결과를 살펴본 것이다.

조사 1. 자기계발을 위한 시간 투자 → "하루 1시간" 35.8%

2006년 1월 29일까지 전국 남녀 직장인 1,082명을 대상으로 헤드헌팅 전문 업체 아인스파트너가 조사한 "자기계발을 위해 어느 정도 시간을 투자하고 있습니까?"라는 질문에 대한 응답자의 비중은 다음과 같다.

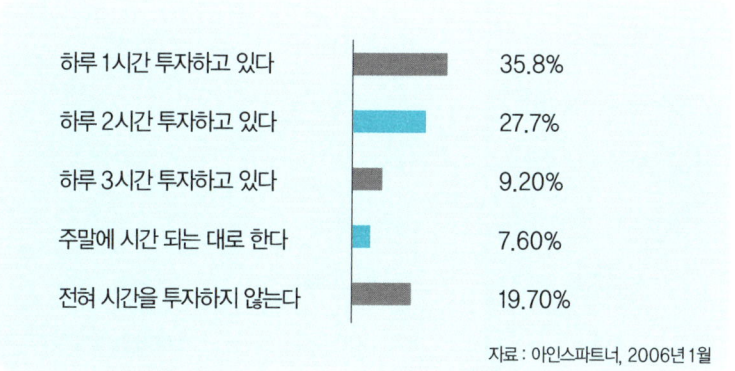

하루 1시간 투자하고 있다	35.8%
하루 2시간 투자하고 있다	27.7%
하루 3시간 투자하고 있다	9.20%
주말에 시간 되는 대로 한다	7.60%
전혀 시간을 투자하지 않는다	19.70%

자료 : 아인스파트너, 2006년 1월

조사 2. 직장인 자기계발 비용 → "월 평균 24만 원"

2006년 연말, 인사 취업 전문 기업인 인크루트가 연봉 전문 사이트 오픈샐러리와 공동으로 직장인 1,118명을 조사했다. "2006년 한 해 동안 당신은 얼마를 자기계발에 투자했습니까?"라는 질문에 대한 응답자의 비중은 다음과 같다. 연간 소요되는 자기계발 비용은 2006년을 기준으로 288만 7,000원이며, 매달 평균 24만 원 정도다. 흥미로운 사실은 2004년 실시한 같은 조사 결과에 비해 자기계발 비용을 늘리는 사람이 꾸준히 증가하고 있다는 점이다. 참고로 2004년 직장인의 자기계발 비용은 205만 8,000원으로 자기계발의 내용을 살펴보면 외국어 회화가 25.73퍼센트, 업무상 필요한 비즈니스 외국어

• 직장인 자기계발 비용 지출 현황

비용 범위	2004년 인원(명) 비율	2006년 인원(명) 비율
100만 원 미만	106 (24.4%)	266 (12.8%)
100~200만 원 미만	313 (42.6%)	463 (37.9%)
200~300만 원 미만	134 (12.5%)	136 (16.2%)
300~500만 원 미만	86 (1.7%)	18 (10.4%)
500~1,000만 원 미만	63 (6.4%)	70 (7.6%)
1,000만 원 이상	45 (1.2%)	13 (5.5%)
전혀 없음	78 (11.20%)	122 (9.5%)
총계	825 (100.0%)	1,088 (100.0%)

자료 : 인크루트 · 오픈샐러리, 2004년, 2006년

가 8.11퍼센트로 외국어에 대한 투자가 전체 가운데서 33.84퍼센트를 차지해 단연 1위였다. 그 밖에 담당 업무와 직무 교육이 22.3퍼센트, MBA 등 자격증 취득 준비가 9.30퍼센트를 차지했다. 그리고 운동, 문화와 취미 생활이 각각 12.03퍼센트와 12.37퍼센트를 차지했다. 한편 자기계발의 방법을 살펴보면 학원과 강좌 수강 등 오프라인 교육이 31.43퍼센트, 독서 등을 통한 독학이 30.01퍼센트로 압도적인 1, 2위를 차지했다. 반면에 온라인 교육과 사내 교육(연수원 포함)이 각각 20.50퍼센트와 6.17퍼센트를 차지했다.

조사 3. 20대의 자기계발 분야→ "영어 등 어학" 45.2%

2007년 8월 10~14일까지 공모전 정보미디어 씽굿이 경력 관리 포털 스카우트와 함께 20대 대학생과 구직자 230명을 대상으로 조사한 '20대가 자기계발을 위해 노력하는 분야'에 대한 응답자의 비중은 다음과 같다.

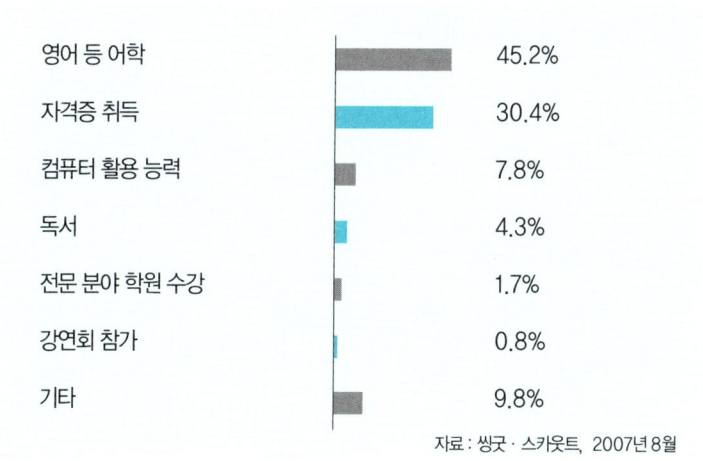

영어 등 어학	45.2%
자격증 취득	30.4%
컴퓨터 활용 능력	7.8%
독서	4.3%
전문 분야 학원 수강	1.7%
강연회 참가	0.8%
기타	9.8%

자료 : 씽굿·스카웃트, 2007년 8월

조사 4. 필자가 실시한 자기계발 실태 조사

2007년 11월 18~23일까지 공병호경영연구소 메일을 통한 실태 조사에 응한 사람은 2,187명이다. 이들 가운데 직장인은 1,333명(60.95%)이고 자영업자는 339명(15.5%)이다.

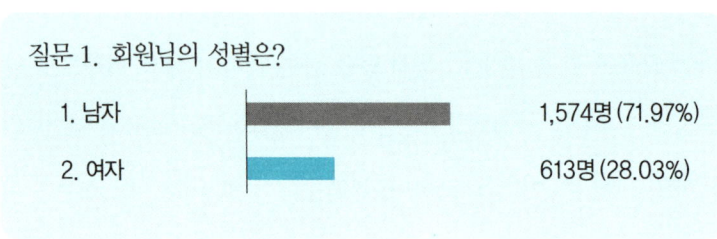

질문 1. 회원님의 성별은?

1. 남자   1,574명 (71.97%)
2. 여자   613명 (28.03%)

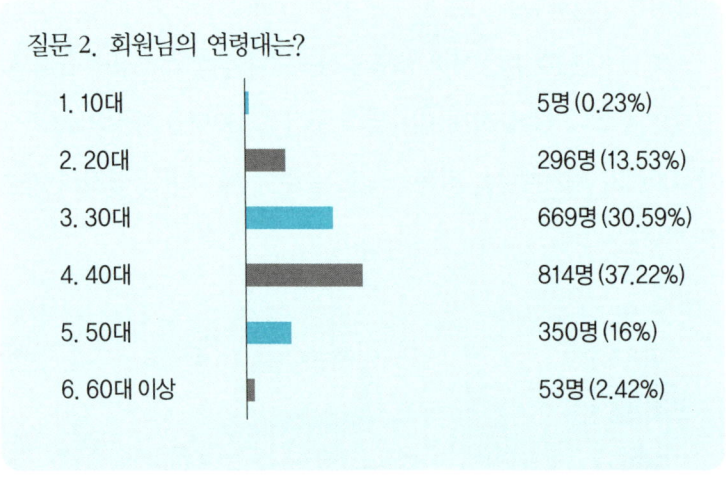

질문 2. 회원님의 연령대는?

1. 10대   5명 (0.23%)
2. 20대   296명 (13.53%)
3. 30대   669명 (30.59%)
4. 40대   814명 (37.22%)
5. 50대   350명 (16%)
6. 60대 이상   53명 (2.42%)

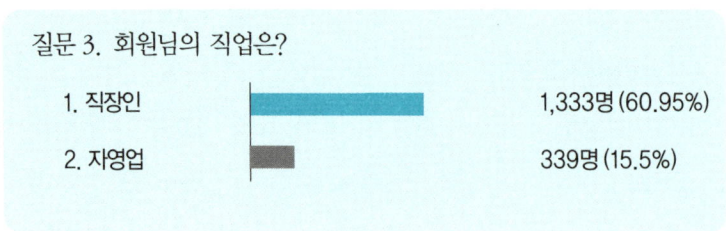

질문 3. 회원님의 직업은?

1. 직장인   1,333명 (60.95%)
2. 자영업   339명 (15.5%)

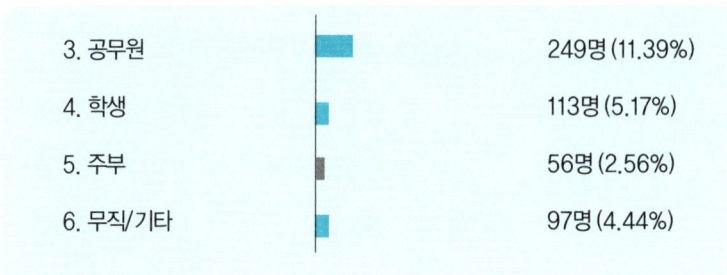

3. 공무원		249명 (11.39%)
4. 학생		113명 (5.17%)
5. 주부		56명 (2.56%)
6. 무직/기타		97명 (4.44%)

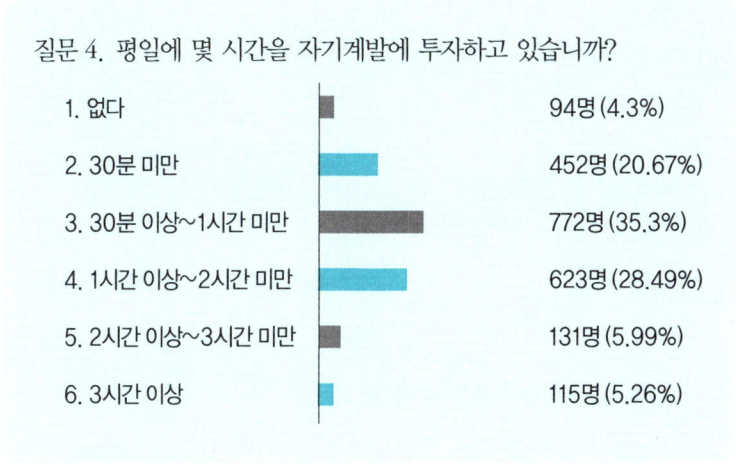

질문 4. 평일에 몇 시간을 자기계발에 투자하고 있습니까?

1. 없다		94명 (4.3%)
2. 30분 미만		452명 (20.67%)
3. 30분 이상~1시간 미만		772명 (35.3%)
4. 1시간 이상~2시간 미만		623명 (28.49%)
5. 2시간 이상~3시간 미만		131명 (5.99%)
6. 3시간 이상		115명 (5.26%)

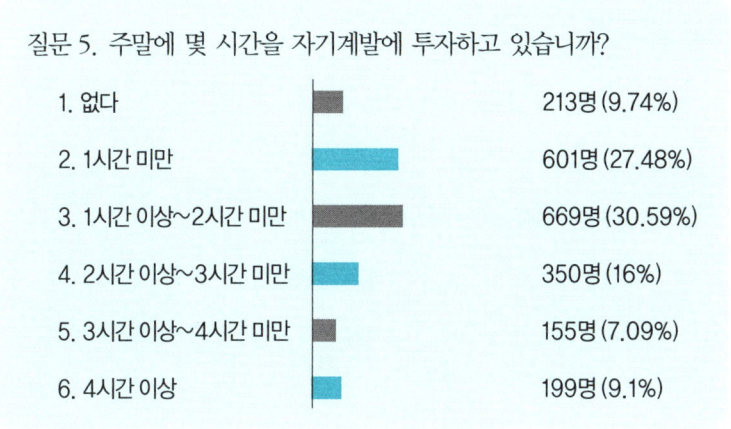

질문 5. 주말에 몇 시간을 자기계발에 투자하고 있습니까?

1. 없다		213명 (9.74%)
2. 1시간 미만		601명 (27.48%)
3. 1시간 이상~2시간 미만		669명 (30.59%)
4. 2시간 이상~3시간 미만		350명 (16%)
5. 3시간 이상~4시간 미만		155명 (7.09%)
6. 4시간 이상		199명 (9.1%)

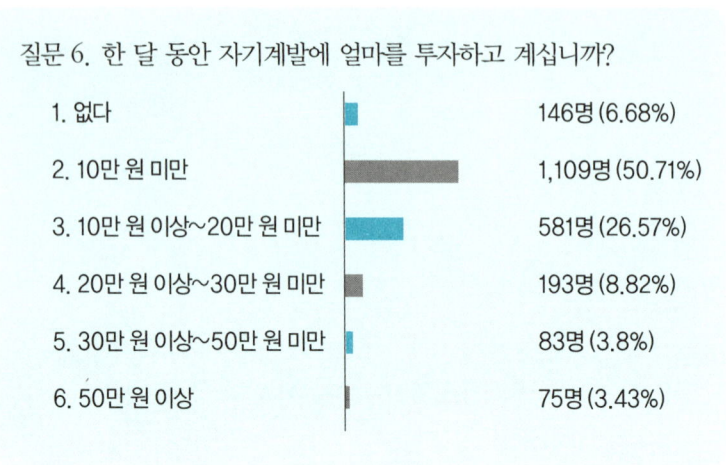

질문 6. 한 달 동안 자기계발에 얼마를 투자하고 계십니까?

1. 없다	146명 (6.68%)
2. 10만 원 미만	1,109명 (50.71%)
3. 10만 원 이상~20만 원 미만	581명 (26.57%)
4. 20만 원 이상~30만 원 미만	193명 (8.82%)
5. 30만 원 이상~50만 원 미만	83명 (3.8%)
6. 50만 원 이상	75명 (3.43%)

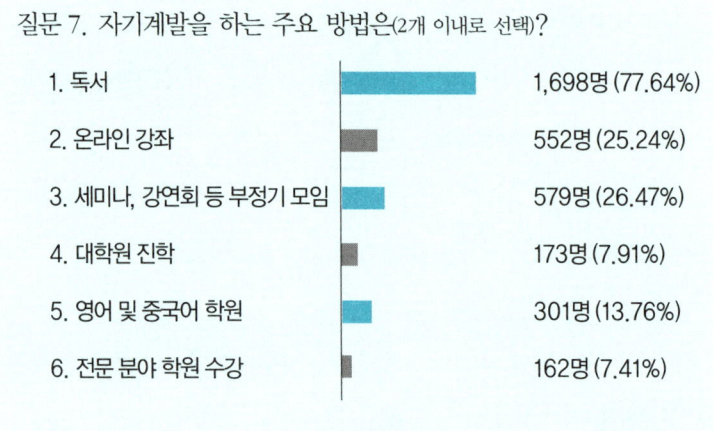

질문 7. 자기계발을 하는 주요 방법은(2개 이내로 선택)?

1. 독서	1,698명 (77.64%)
2. 온라인 강좌	552명 (25.24%)
3. 세미나, 강연회 등 부정기 모임	579명 (26.47%)
4. 대학원 진학	173명 (7.91%)
5. 영어 및 중국어 학원	301명 (13.76%)
6. 전문 분야 학원 수강	162명 (7.41%)

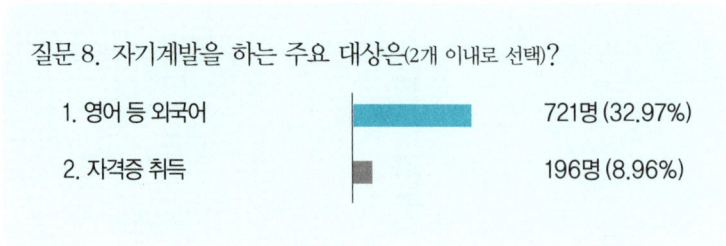

질문 8. 자기계발을 하는 주요 대상은(2개 이내로 선택)?

1. 영어 등 외국어	721명 (32.97%)
2. 자격증 취득	196명 (8.96%)

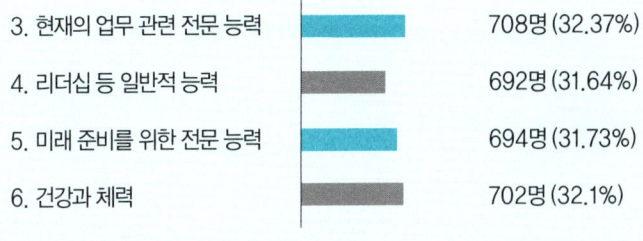

3. 현재의 업무 관련 전문 능력		708명 (32.37%)
4. 리더십 등 일반적 능력		692명 (31.64%)
5. 미래 준비를 위한 전문 능력		694명 (31.73%)
6. 건강과 체력		702명 (32.1%)

질문 9. 자신이 무엇을 계발해야 하는지 잘 알고 있습니까?

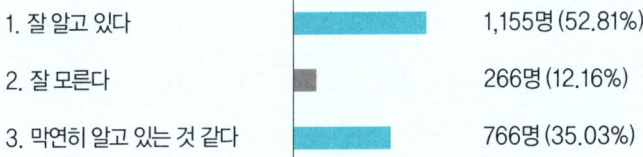

1. 잘 알고 있다		1,155명 (52.81%)
2. 잘 모른다		266명 (12.16%)
3. 막연히 알고 있는 것 같다		766명 (35.03%)

질문 10. 자신이 무엇을 계발해야 하는지 제대로 알기 위해 노력해 왔습니까?

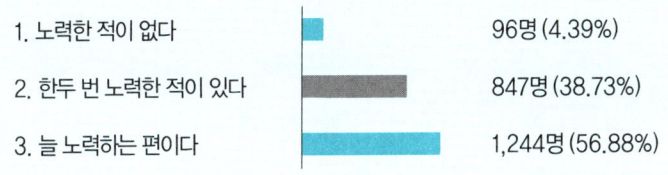

1. 노력한 적이 없다		96명 (4.39%)
2. 한두 번 노력한 적이 있다		847명 (38.73%)
3. 늘 노력하는 편이다		1,244명 (56.88%)

질문 11. 무엇을 계발해야 하는지 5~7개 정도를 1분 안에 정리할 수 있습니까?

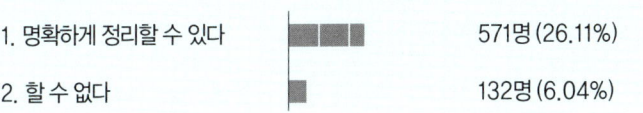

1. 명확하게 정리할 수 있다		571명 (26.11%)
2. 할 수 없다		132명 (6.04%)

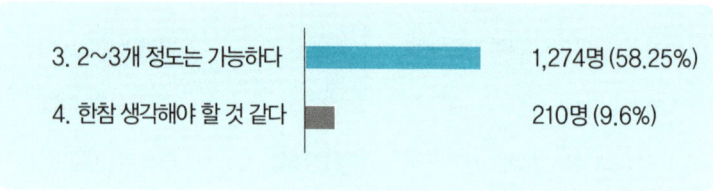

| 3. 2~3개 정도는 가능하다 | 1,274명 (58.25%) |
| 4. 한참 생각해야 할 것 같다 | 210명 (9.6%) |

질문 12. 자기계발을 방해하는 주요 요인은 무엇입니까(2개 이내로 선택)?

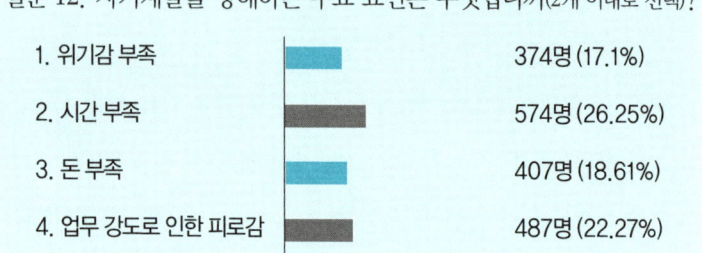

1. 위기감 부족	374명 (17.1%)
2. 시간 부족	574명 (26.25%)
3. 돈 부족	407명 (18.61%)
4. 업무 강도로 인한 피로감	487명 (22.27%)
5. 의지력이나 실천력 부족	1,554명 (71.06%)
6. 가사 노동 등 가정 문제	183명 (8.37%)

질문 13. 자기계발의 필요성에 대해 강한 위기감을 갖고 있습니까?

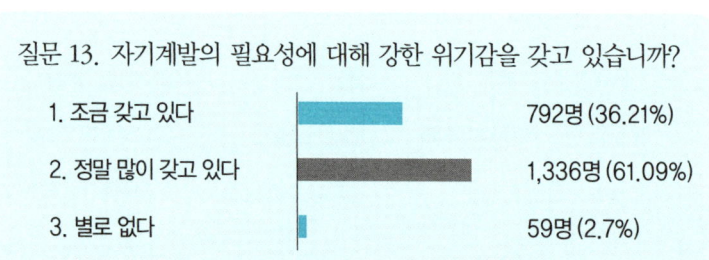

1. 조금 갖고 있다	792명 (36.21%)
2. 정말 많이 갖고 있다	1,336명 (61.09%)
3. 별로 없다	59명 (2.7%)

앞에 소개한 네 가지 조사 결과로 자기계발에 대한 직장인의 실상을 속속들이 드러내는 데는 한계가 있다. 하지만 이 결과만 갖고도 직장인의 자기계발에 대한 전체 윤곽을 파악하는 데 도움이 된다. 실태 조사와 함께 개인적 경험과 만남, 주변 사람들에 대한 관찰, 자

기경영 아카데미를 진행해 오면서 '직장인의 자기계발에 대한 실상'을 다음 다섯 가지로 정리할 수 있었다.

첫째, 대다수 직장인이 자기계발의 필요성을 강하게 느끼고 있다. 필요성을 넘어 일종의 자기계발 강박관념(?)에 가까운 심적 상태를 경험하는 사람도 흔하다. 특히 근래에 들어 더욱 강해지는 이런 경향은 과거에 비해 경쟁이 더욱 치열해지는 환경이 큰 역할을 하고 있다. 마음 느긋한 영역이 줄어들고 있다는 것은 직장인 대부분이 느끼는 공통점이다.

물론 자기계발의 필요성을 실제 행동으로 옮기는 것은 별개의 문제이지만, 더 많은 사람이 '그냥 이대로 적당히 시간을 보내선 안 된다'는 생각을 갖고 있다. 특히 1997년 외환위기 이후 지난 10여 년간 직장인의 자기계발에 대한 태도는 크게 달라졌다. 이는 출판시장에서 자기계발이 인기 장르의 하나로 새롭게 자리 잡았다는 사실이나 베스트셀러 목록에서 자기계발서가 빠지지 않는다는 사실로도 알 수 있다. 기업 사보나 웹진에서 다루는 특집의 빈도나 비중 면에서도 자기계발의 중요성이 크게 증가한 것을 확인할 수 있다. 또한 자주 만나는 동료나 후배를 통해 과거처럼 그냥 느슨하게 시간을 보내는 행위에 편안함을 느끼는 직장인이 드물다는 것을 알 수 있다.

둘째, 자신이 몸담은 조직이 속한 지역이나 산업에 따라 자기계발을 행동으로 옮기는 사람의 비중도 크게 차이가 난다. 서울이나 수도권처럼 대도시가 주는 생존에 대한 압박감은 그 자체만으로도 자기계발에 대한 필요성을 행동으로 옮기도록 만드는 데 도움이 된다.

그리고 고객을 직접 상대하거나 그런 소비재 사업 혹은 글로벌 경쟁에 노출되어 있는 기업의 구성원은 그만큼 자기계발을 행동으로 옮길 가능성이 높다. 반면에 서울이나 수도권 혹은 대도시로부터 사업장이 떨어져 있거나, 장치 산업의 성격을 지닌 곳에서는 아무래도 시장의 변화에 무덤덤해질 가능성이 높다. 이것은 곧 개인의 자기계발에 대한 실천 노력을 감소시키는 경향이 있다. 경쟁의 강도가 전달되는 지역이나 산업에 따라 자기계발의 필요성이나 실천은 여전히 편차가 크다.

셋째, 필요성을 느끼는 사람은 많지만 자기계발을 지속적으로 실천하는 사람은 드물다. 여분의 시간을 만들어 내는 것이 쉽지 않기 때문이다. 치열한 경쟁에 노출된 산업에서 일하느라 사람들의 노동 강도가 갈수록 세지고 있다. 이런 상황이 지속되는 한 자기계발을 위해 필요한 시간을 확보하는 게 그리 쉽지만은 않다. 그렇다 보니 연초에 계획을 세워 몇 번 노력하다가 오히려 실망감만 안고 포기해 버리는 경우도 많다.

개인의 의지도 중요하지만, 지나치게 긴 노동 시간을 합리적으로 줄이려는 노력이나 업무의 예측 가능성을 높이려는 노력도 조직 차원에서 함께 이뤄져야 한다. 이런 점에서 한국의 조직 업무 처리 관행이나 방법, 문화라는 측면에서도 개인을 돕는 시스템이 함께 이뤄져야 한다. 매일 습관적으로 야근이나 잔업이 이루어지는 상황이라면 이것저것 생각할 여유나 미래를 준비할 수 있는 시간이 절대적으로 부족할 수밖에 없다.

최근 국내의 대표적인 A기업을 방문했을 때다. 강연회에 참석한 사람들은 과도한 업무량과 절대적인 시간 부족으로 에너지가 소진되었다 하더라도 재충전이 불가능해 새로운 발상이 거의 불가능하다는 이야기를 한목소리로 들려주었다. 그래서 조직에서도 이런 문제점을 알아차리고 부서장들에게 잔업이나 특근을 가능한 없애도록 한다. 이를 어기는 경우 사유서를 제출하라고 할 정도로 조직 차원에서 과도한 업무량을 줄여 나가는 노력을 하고 있다. 개인의 창의성이 얼마나 중요한 사항인지 일깨워 주고 업무 부담 줄이기나 근무 시간 준수 등의 노력을 하는 조직이 있기는 하지만, A사와 같은 기업은 아직 소수에 불과하다. 사기업의 경우 정도의 차이는 있겠지만 개인이 해결할 수 없는 구조적인 한계나 문제점이 존재한다. 이런 부분도 개인의 지속적인 자기계발에 큰 제약이 되고 있다.

넷째, 자기계발이 필요하다는 정도는 느끼고 있지만, 이를 절실한 자신의 문제로 받아들이는 사람이 아직 많지 않다. 절실함이란 자신이 처한 상황에 대한 객관적 진단과 함께 미래 전망이라는 자신만의 의견을 만들어 낼 때 생겨나고 또한 위기의식을 갖게 된다. 이것은 스스로 미래에 대한 전망이나 판단, 의견을 내세울 수 있을 정도의 적극적인 지적 활동을 요구한다. 주어진 정보에 만족하지 않고 주변에서 일어나는 상황을 파악하기 위해 적극적으로 정보 수집에 나서야 하는 일이므로, 아주 도전적이고 진취적인 사람이 아니라면 결코 쉽지 않은 일이다. 자기계발의 필요성을 느끼는 직장인은 많지만 여기서 한 걸음 더 나아가 절실함으로 무장된 사람은 여전히 소수라고 생각한다. 그냥 필요성을 느끼는 상태와 절실하게 느끼는 상태는 엄연히 다르다.

다섯째, 구체적으로 무엇을 계발해야 하느냐의 문제를 두고 고민하는 직장인도 많다. 다시 말하면 자기계발의 대상에 대해 정확한 판단을 내리지 못하는 사람이 많다는 것이다. 구체적으로 무엇을 언제까지 만들어 내기 위해 투자해야 한다는 식보다 다른 사람들이 다하는 보편적인 것을 만들어 내는 데 시간과 비용을 쏟아 붓고 있다. 직장인 대다수가 영어, 중국어 등 어학 공부에 많은 에너지를 쏟고 있는 것도 이런 이유 때문일 것이다. 막연히 '이것을 준비해 두면 앞으로 도움이 되겠지'라고 생각하는 직장인이 많다. 이런 막연함은 지속적인 추진력의 걸림돌이 될 뿐 아니라 비용 대비 효과라는 점에서도 문제가 있다.

안정적인 특정 직업, 미래에도 투자수익률이 높을까?

자기계발에 대한 이야기는 무성하지만 "무엇을 준비해야 하는가"라는 질문에 대한 답을 구하기는 쉽지가 않다. 사람들은 주어진 길을 가는 데 익숙하지만 스스로 길을 만들어 가는 것은 쉽지 않다. 과거처럼 입사하고 나서 한 직장에서 승진의 사다리를 타고 꾸준하게 올라가는 것이 전부라고 여기던 시절에는 길이 비교적 단순하고 명확했다. 그러나 이제는 변수가 크게 늘어났다.

계속해서 머물 것인가, 머문다면 무엇을 준비해야 하는가? 다른 곳으로 이동하게 된다면 그때는 어떤 것을 준비해야 하는가? 지금 머물고 있는 곳이 과연 나에게 적합한 분야인가? 이 분야는 유망한가? 직업 세계를 떠난 이후의 삶과 현재의 삶 사이에 연결 고리를 만들려면 무엇을 준비해야 하는가? 다양한 변수에 정말 다양한 질문이 꼬리에 꼬리를 물고 뒤를 잇는다. 생각하는 데 익숙하지 않은 사람에게는 스스로 생각해야 하는 것 자체가 힘든 일이다. 그러므로 대부분 깊이 생각하지 않고 그냥 주변의 동료나 선후배가 이미 준비하고 있거나 선택한 길을 대충 살펴보고, 그들과 보조를 맞추는 것에 스스로 만족하고 만다. 다수가 가는 길이 무난하리라는 믿음을 갖고 말이다.

특히 "무엇을 계발해야 하는가"라는 과제는 미래와 깊은 연관성이 있다. 따라서 앞을 내다볼 수 있는 능력을 가져야 하는데, 이는 어느 정도의 위험을 내포하는 대형 투자에 해당한다. 개인에게는 배우자를 선택하는 일보다 중요한 대규모 투자인 셈이다. 20대부터 40대까지 인생의 황금기에 특정 부분에 투자한다고 생각해 보라. 다른 사람들이 가는 대로 그냥 내맡길 수는 없을 것이다.

예를 들어 기업 생활이 주는 직업의 불안정성 때문인지 최근에는 공직이나 한의사, 의사를 선호하는 사람이 늘고 있다. 대학 입시 경쟁률을 보면 안정성을 중시하는 시대의 분위기를 확연하게 느낄 수 있다. 이따금 엔지니어의 길에 들어섰던 사람들 가운데 늦은 나이에 다시 한의사가 되려고 진로를 수정하는 이들이 화제가 되기도 한다. 아마도 '한의사는 안정적이다'라는 믿음 때문일 것이다. 그러나 실상은 기대와 완전히 다를 수 있다. 특히 10년 정도의 시차를 두고 앞을 내다볼 때는 자신이 인식하고 있는 것과 현실 사이에 큰 격차가 생길 수 있다는 사실에 주목해야 한다. 결정하는 데 도움이 되는 정보는 과거부터 지금까지 꾸준히 축적되어 온 것으로, 이들 정보는 수면 아래에서 일어나고 있는 변화나 미래에 일어날 수 있는 변화를 포함하지 못하는 경우가 대부분이다. 어쩌면 고정관념이나 선입견 때문에 낭패를 당할 수도 있다.

늘어나는 한의원 간판을 보면서 자주 이런 생각을 한다. '젊은 세대가 한의원을 자주 찾을까?' '나이 든 세대만큼 보약을 좋아할까?' '동네 상가마다 한의원이 영업하고 있는 상태에서 새롭게 배출되는 한의사들은 어디로 가야 할까?' 그러나 지금도 한의과 대학의 경쟁률은 아주 높다. 이공계를 기피하는 분위기에다 직업의 안정성을 중시하는 학부모와 학생들 탓에 한의대의 인기는 여전히 높다. 의대, 치대, 한의대를 묶어 아예 '의치한'이라는 단어가 학생들 사이에서 유행하고 있을 정도다. 반면에 공대의 입학 경쟁률은 전체 평균에도 못 미치는 대학이 적지 않다.

현재 이 같은 인식과 현실 사이에 큰 괴리가 일어나는 중이다. 조금만 관심 있게 보면 현실은 자신이 한의사에 대해 갖고 있는 생각과 완전히 다르다는 사실을 알 수 있지만, 이런 부분에 주목하는 수험생이나 학부모는 그리 많지 않다. 현재 한의사들이 처한 상황은 핑크빛이 아니다. 그렇다면 앞으로는 어떤가? 상황이 그다지 호전될 것으로 보이지 않는다. 고객의 선호 변화와 업체 수 증가로 인해 평균 수입이 줄어들고 직업에 대한 안정성이 크게 위협받을 것으로 보인다.

국민건강보험공단의 자료에 따르면 한의원 개업의 수는 1997년 4,016개에서 2006년 말에는 8,808개로 119.3퍼센트 증가했다. 이는 매년 500명 정도의 한의사가 개업을 하고 있다는 뜻이다. 최근 대한 한의사협회와 한방산업벤처협회의 설문 조사에 따르면 전체 응답자 241명 가운데 187명(77.6퍼센트)이 한의원 경영이 어렵다고 답했다. 올해 개원 18년째인 한의사 P씨의 고민은 "한의사들 좋은 시절은 다 갔나"라는 의문을 던지게 된다. 그는 이렇게 말한다.

"하루 평균 수입이 60만 원 정도입니다. 한 달에 25일 일하는 셈 치고 계산해 보면 월수입이 1,500만 원 남짓 됩니다. 임대료와 간호사 월급(2명), 약재와 침 재료 값을 빼면 남는 돈이 별로 없습니다. 골프도 5년 전에 끊었습니다." 강북에 위치한 한의원에서 P원장이 진료를 보는 환자는 하루 평균 25명, 이들 중 한두 명이 한약을 지어 가고 나머지는 침만 맞는다. 침 맞는 값이 1만 5,000원(환자 부담은 4,500원)이라면 하루 37만 원, 한약 값 25만 원 등 60만 원 남짓이 하루 매출이다. 부유층이 비교적 많은 강남이 아닌 강북에서 이 정도는 그나마 나은 편이다. 특히 서울과 수도권을 제외한 중소도시에서 개원한 젊은 한의사들은 하루하루 살얼음판을 걷고 있다.

「한의사들 좋은 시절 다 갔나」(이병문, 『매일경제신문』, 2007. 9. 1).

한의사 공부가 좋아서 전직한다면 말릴 수는 없지만, 직업의 안정성이나 고수익을 바라고 늦은 나이에 다시 공부를 시작하는 것이라면 인식과 현실 사이의 격차를 충분히 고려해야 한다. 아마도 한의대나 의대를 지원하는 학생이나 학부모는 자신의 10년 후나 그 이후의 삶을 꼼꼼히 따져 보지 않았을 것이다. 그리고 현업에 종사하는 사람의 의견을 들어 볼 기회도 없었을 것이다. 평소 자신이 보고 들었던 정보나 선입견 혹은 고정관념에 따른 '한의사는 평생 할 수 있는 안정성을 갖고 있다'는 믿음이 크게 작용했을 것이다.

한의사의 사례를 드는 이유는 대부분 자기계발이 미래의 가능성을 두고 상당한 위험 아래 행해지는 초(超)대형 투자라는 사실을 강조하기 위해서다. 그냥 아무 생각 없이 혹은 대충 생각해 보고 판단할 수 있는 결정이 아니라고 여기기 때문이다.

마치 신제품 출하를 앞두고 시장조사를 꼼꼼히 하는 것처럼 개인 차원에서 무엇을 준비할 것인가를 두고도 똑같이 해야 한다. 상식이나 고정관념, 보통 사람이 선택하는 기준에 따라서 자신의 시간과 비용을 투자하는 일은 위험천만하다.

직장 생활 초년 시절부터 무엇을 계발해야 하는가를 딱 잘라 결정할 수는 없다. 그러나 계발해야 할 그 무엇을 찾는 일을 게을리 해서는 안 된다. 우리는 돈이 귀하다는 생각 때문에 투자를 앞두고 여러 가지 사전 준비를 한다. 어디에 투자해야 할 것인지, 이를테면 금융상품을 구입할 때도 이모저모 따져보게 된다. 이것과 비교할 수 없을 만큼 중요한 결정이 시간이자 젊음을 어디에 투자할 것인가를 결정하는 일이다. 무언가를 선택해야 한다는 것은 또 다른 기회를 포기해야 한다는 의미를 갖는다. 특히 자기계발 과정에서 무엇인가 선택하는 것은 다른 선택 가능한 기회를 포기한다는 뜻이다. 결국 자신이 선택할 당시를 기준으로 투자 활동을 전개하고 있다는 생각을 갖고 시간과 비용을 들여야 한다. 그런 생각을 가진다면 다른 사람들이 하는 대로 무작정 따라 하는 결정을 피할 수 있다. 한마디로 '친구 따라 강남 간다'는 식이나 '어떻게 잘 되겠지'라는 식으로 결정을 내려선 안 된다는 점을 분명하게 말하고 싶다.

결국 자기 나름의 미래를 내다보는 안목이나 판단을 갖지 않으면 주변 사람이 가는 대로 떠밀려 갈 수밖에 없다. 이런 점에서 피터 드러커(Peter Drucker)의 "모든 지식 근로자는 CEO처럼 생각하고 행동해야 한다"라는 말은 명언 중 명언이다. 보통 CEO가 기업을 대상으로 투자하고 있다면, 직장인은 자신의 인생이나 젊음을 대상으로 투자하고 있는 것이다. 어떤 선택을 하는가에 따라 투자수익률은 크게 차이가 날 수밖에 없고, 이에 따라 인생 자체도 투자 대상에 따라 큰 차이가 날 수밖에 없다. 평균 기대 수명이 하루가 다르게 길어지고 있음을 고려한다면 젊은 날에 자기계발과 관련해 어떤 선택을 내렸는지, 얼마만큼 노력했는지에 따라 긴 인생의 투자수익률 격차는 클 수밖에 없다.

이동하는 차 안에서 이런저런 세상 경험을 한 50대 중반의 기사와 이런저런 이야기를 나눈 적이 있다. 그 가운데 나온 그의 삶에 대한 단상을 소개하고 싶다. 그는 초년 직장 생활에 대한 후회로 이런 이야기를 들려주었다.

"저는 30대가 특히 중요하다고 생각합니다. 어느 날 갑자기 '어, 내가 이렇게 나이를 먹었지' 라고 깨치는 시점이 대개 40대 전후거든요. 늦지는 않았지만 새로운 것을 시작하기에는 만만치 않은 나이라고 생각합니다. 저녁이든 주말이든 새벽이든 간에 시간을 만들어 내야 합니다. 남들이 뭐라고 하더라도 자신만의 주된 특기 하나 정도는 확실히 준비하면서 살아가야 한다고 봅니다. 그렇지 않으면 정말 긴 인생에서 인간다운 삶을 제대로 살아가기 힘들거든요. 그런데 대개 꼬박꼬박 나오는 봉급에 익숙해져 구체적인 행동으로 옮기지 못하는 경우가 많습니다. 걱정만 잔뜩 하는 친구도 많고요. 준비할 수 있는 시기는 아주 짧고 인생은 무척 길어지는데, 위기감을 느끼는 젊은 친구는 그리 많지 않습니다. 막상 본인이 직접 당하고 나서야 깨치게 되는 경우가 대부분이지요. 저도 그런 점에서 젊은 날에 준비를 제대로 한 사람이 아닙니다. 살아가면서 후회막급입니다. 그래서 제 차를 이용하는 젊은 사람이나 자식 같은 이들에게 이런 이야기를 해 주지만 본인이 막상 경험해 보지 않고서는 절대 알 수가 없거든요. 그래서 젊은 사람들 역시 앞 세대의 시행착오를 반복하는 것 같습니다."

세상이 크게 변화하는 것처럼 보일지 모르지만 직장을 잡고, 바쁘게 일하고, 가족을 부양하고, 노후를 준비하는 등 삶의 형식은 미래에도 크게 변하지 않을 것이다.

이런 점에서 "무엇을 준비해야 하는가"라는 질문에 대한 답을 찾아 이를 실천에 옮기는 것은 과거 세대뿐 아니라 현 세대, 미래 세대 모두에게 중요한 과제다. 과거 세대의 경험으로부터 얼마든지 배움을 청할 수 있는 분야임에 틀림없다. 물론 "우리 세대는 달라요"라고 이야기할 수 있는 분야도 있다. 그러나 "무엇을 준비해야 하는가"에 대한 답을 찾는 일은 조금도 변하지 않았다. 오히려 자기 자신이 책임져야 할 영역이 더욱 확대되는 추세이기 때문에 그 중요성이 더욱 커지고 있다.

03 자기계발의 핵심을 파악해 성공한 사람들

 이따금 증권 전문 케이블 방송에 채널을 맞추면 "이 종목은 유망하니 이곳에 투자하시오"라고 강하게 권하는 전문가를 만날 수 있다. 그러나 주식 투자와 달리 어떤 능력을 계발하기 위해 시간과 에너지를 투자해야 하고, 어떤 능력을 통해 인생의 승부수를 던질 수 있는지에 대해서는 어느 누구도 구체적으로 알려 주지 않는다. 나도 마찬가지다. 실제로 나 자신의 미래를 위해 투자하는 행위 자체도 확실한 것은 없다. 가능성, 즉 확률을 기초로 내리는 의사결정일 뿐이다. 외부적으로 세상이 어떻게 변할지 어느 누구도 정확하게 예측할 수 없기 때문이다. 또한 내부적으로 사람의 재능은 저마다 달라서 자신이 잘할 수 있는 분야에서도 차이가 날 수밖에 없다. 주변을 둘러보면 자신의 분야에서 하나의 획을 긋는 데 성공한 사람을 만날 수 있다. 우리는 이들의 인생 경험을 통해 자기계발을 어떻게 해야 하는가에 대한 모범적인 사례를 만날 수 있고, 이를 통해 교훈도 얻게 된다.

토목 엔지니어에 인생 승부를 걸었던 SK 건설 유웅석 사장

SK건설의 유웅석 사장은 올해 60세(1949년생)다. 그는 1972년 서울 대학교 토목공학과를 졸업하고 1976년 현대엔지니어링에서 직장 생활의 첫발을 내디뎠다. 이후 현대건설(1978년 입사), 현대중공업(1985년 입사)을 거치면서 전형적인 '현대맨'으로 활동했다. 42세가 되던 1991년, 그는 현대를 떠나 선경건설(현재의 SK건설)로 회사를 옮기게 되었다. 누구나 그렇게 할 가능성이 있지만, 유 사장도 40대 초 직장을 옮기면서 자신이 졸업 이후에 걸어온 경력을 꼼꼼히 살펴보게 되었다. 그는 당시의 상황을 두고 한 인터뷰에서 이렇게 말한 적이 있다.

> 이직하며 경력을 꼼꼼히 들여다봤어요. 현장 관리자와 엔지니어를 오가다 보니 경력이 뒤죽박죽이더군요. 급하니까 이곳저곳에 투입됐지만, 정작 제 경력 관리에는 신경 쓸 틈이 없었던 거예요.
> 「내 인생의 40대: 유웅석 SK건설 사장」(김유영, 『동아일보』, 2007. 9. 13).

만약 내가 유웅석 사장이라면 짧은 인터뷰 지면에 드러난 내용 이외에 이런 내용을 첨부하고 싶었을 것이다.

"열심히 살았습니다. 누구보다 열심히 말입니다. 그러나 실제로 이도 저도 아닌 제너럴리스트(generalists)로서 살아왔음을 깨닫게 되었습니다. 그 순간 덜컥 겁이 나더군요. 이렇게 앞으로 계속 가다가는 조직에 별로 필요하지 않은 존재가 될 거라는 생각이 들었습니다. 살아야 할 세월이 창창하게 남았는데, 내 인생이 앞으로 어떻게 될 것인지 뻔히 내다보였습니다. 솔직히 걱정이 앞섰습니다. 한 번 살다 가는데 이렇게 이름 없이 가 버려서는 안 되겠다는 욕심도 있었습니다. 큰 각성의 순간이었지요. '이렇게 해서는 안 되겠구나. 제대로 한번 나 자신의 경력을 관리해야 할 시점이 되었구나' 그러니까 나 자신의 경력과 인생을 대상으로 관리(management)라는 단어를 본격적으로 실행에 옮긴 시점이 그때부터였지 싶습니다."

나는 이처럼 자신이 걸어온 길을 리뷰(review)하면서 앞으로 어떻게 할 것인가를 두고 고민하는 시기를 '자아성찰'의 시간이라고 이름 붙였다. 귀한 날을 깊은 생각 없이 그냥 살아 버릴 수도 있지만, 이처럼 삶의 고비 고비마다 걸어온 길을 철두철미하게 점검하면 그 가운데서 무엇을 보충해야 하는지, 무엇에 집중해야 하는지 깨닫게 되는 의외의 소득을 올릴 수 있다. 훗날 유 사장은 당시 자신이 걸어온 길에 대한 깊은 성찰을 통해 40대에 자기계발에서 큰 획을 긋는 결정을 내리게 된다. 30대가 본사와 현장의 이곳저곳을 다니면서 풍부한 경험을 쌓은 기간이라고 한다면, 40대부터는 자신의 주력 분야를 정한 다음에 그것을 중심으로 자신의 시간과 에너지를 집중시키기로 결단을 내린 것이다. 당시를 회고하면서 유 사장은 "40대에 들어서면서 인생의 승부처를 토목 엔지니어에 걸었다"라고 말한다. 그는 결심에만 그치지 않고 구체적인 계획을 짜서 실천에 옮기기 시작했다. 이 대목이 매우 중요하다. 판단을 실행으로 구체화하는 부분이 결정적이다. 우유부단하면 아무 일도 해낼 수 없음을 스스로도 잘 알고 있지 않은가!

유 사장은 대학에서 토목공학을, 대학원에서 경영학을 전공했다. 학교 전공에 맞춰 골고루 일하는 데는 문제가 없었지만 뚜렷한 전문성이 없다 보니 회사 생활이 지루하기도 했다. 이런 식이라면 인적자원 관리 측면에서도 회사에 도움이 되지 않을 것이라는 생각이 들었다.

유 사장은 40대에 토목 엔지니어로서 승부를 걸어 보기로 했다. 그래서 회사 근처에 방을 얻고 1년 동안 토목구조기술사 시험 준비에 매달렸다. 식구들은 주말에만 볼 수 있었다. 주변에서는 그를 엉뚱하다고 했다.

당시만 해도 기술사는 건설사가 용역을 주는 엔지니어링 회사 직원이 주로 준비했기 때문에 대기업 직원이 일부러 기술사 자격증을 딸 필요는 없었다. 건설사 엔지니어도 플랜트 부문에서 있었을 뿐 토목 부문에서는 거의 없었다.[……]

1년 뒤 기술사 자격증을 땄고, 회사를 설득해 토목 부문에서도 설계전문 부서를 만들어냈다.

「내 인생의 40대: 유웅석 SK건설 사장」(김유영, 『동아일보』, 2007. 9. 13).

이런저런 경험을 거친 다음 인생의 40대에 자신의 주력 부문과 상품을 만들어 낼 수 있었던 결단은 유웅석 사장에게 오늘날 업계로부터 '토목공사의 달인'이라는 이름을 얻게 해 주었다. 2006년 10월 18일에는 쿠웨이트, 멕시코 등 해외 여러 나라의 대형 프로젝트를 성공적으로 수행하고 지하공간 설계 기술 개발과 극초저온(極超低溫) LNG 지하암반저장 기술 개발에 공헌한 공로를 인정받아 정부에서 건설인에게 주는 최고의 영예인 과학기술훈장 혁신장을 받기도 했다. 그는 후배들에게 "40대는 정체성을 완성하는 시기다. 회사에서 어떤 역할을 해야 할 것인지 큰 그림을 그려야 하는 때다"라는 조언을 들려주면서 "프로는 프로답게 일로 승부를 내야 한다. 한번 결심이 서면 우직하게 밀어붙이는 스타일이 평사원에서 사장까지 오른 비결인 것 같다"라는 말을 덧붙였다.

한편 수많은 사람이 자기 사업을 시작하지만 번듯한 사업체로 만들어 내기란 여간 어려운 일이 아니다. 대다수가 실패의 쓴 잔을 마시는 것이 자기 사업의 세계다. 사업가로 성공하는 일은 낙타가 바늘구멍에 들어가는 것에 비유될 정도로 어려운 일이다.

영업 경험을 살려 성공한 한국유나이티드제약 강덕영 사장

올해 62세가 되는 한국유나이티드제약의 강덕영(1947년생) 사장은 '한국인이 주인인 다국적 제약기업'이라는 기치를 내걸고 일찍부터 해외시장 개척에 나선, 제약업계에서도 매우 독특한 기업인이다. 강 사장은 1969년 한국외국어대학교 무역학과를 졸업한 후 스위스계 다국적 제약회사인 산도스(현 노바티스)의 한국 지사 영업사원으로 사회생활의 첫발을 내딛게 된다.

　강 사장의 경력을 보면 어떤 분야에서 일을 시작하는가는 정말 우연의 요소가 많다는 생각을 하게 된다. 인생에는 통제 가능한 영역도 있지만, 그렇지 않은 영역도 아주 많다는 뜻이다. 어디에서 무엇을 하든지 간에 어떤 자세와 마음가짐으로 자신에게 주어진 길에서 특별함을 만들어 내느냐 하는 것이 중요하다.

　강 사장은 한 인터뷰에서 제약회사의 영업사원으로 입사하게 된 것은 취업난 때문이지 처음부터 의도한 것은 아니었다고 솔직하게 말했다. "군복무 후 1971년 사회에 나오자 취직하기가 하늘의 별 따기였어요. 이력서를 20통 준비해서 사람 뽑는다는 데가 있으면 무조건 지원했지요. 그래서 겨우 취직한 곳이 스위스계 다국적 제약사 산도스였어요." 흔히 영업은 체질이 있다고 말한다. 강 사장은 만만치 않은 제약 영업에서 자신이 영업사원 체질이라고 느낄 수 있었을까? 이런 깨달음도 처음부터 가능하지는 않았을 것이다.

　내가 주목한 것은 자신의 재능을 찾아내는 대단한 행운을 거머쥐는 데 성공한 사람도 처음부터 그 분야에서 "이것이다"라고 탄성을 지를 수 있을 가능성은 거의 없다는 점이다. 열심히 하다 보니까 자신이 이런 능력을 갖고 있는 건 아닐까 하는 의문을 갖게 된 것이다. 강 사장 역시 처음부터 자신의 영업 능력에 확신을 가졌던 것 같지는 않다.

　　지금은 영업사원에 대한 인식이 좋지만, 그 당시에는 회사 내에서도 '판매원' '외무사원'이라고 불리며 장가가기조차 힘든 직업으로 통했어요. 처음에는 가방 들고 다니다가 우연히 동창생이라도 만나면 부끄러워질 때가 많았죠. 남에게 부탁하는 직업이라 비굴함을 느낄 때도 있었고. 그래도 천직이라 생각하고 한 달에 한 번씩 구두 뒷굽을 갈 정도로 열심히 뛰어다녔어요.

「CEO들의 세상 사는 이야기: 강덕영 한국유나이티드제약 사장」
(김동윤, 『한국경제신문』, 2007. 8. 23).

열심히 사는 모든 사람이 기회를 잡는 것은 아니지만, 영업 현장을 뛰어다니면서 강 사장은 영업을 기초로 하는 자기 사업을 구상하게 되었다. 그는 1981년 드디어 창업을 하게 되는데, 당시 그런 판단을 내리게 된 배경에 대해 다음과 같이 말했다.

"해외 출장을 자주 다니면서 보니 각국의 산도스 영업사원 출신 중 상당히 많은 사람이 독립해 수입 도매상을 하거나 관련 분야에서 독자적 영역을 개척하고 있더군요. 저는 남들보다 승진도 빠르고 안정된 상태였지만 독립하고 싶은 욕망이 생겼어요."

결국 그는 영업에서 잔뼈가 굵은 경험을 바탕으로 '이 정도면 나도 해볼 만한 실력이 되지 않겠는가'라는 판단을 내리고 자기 사업의 길로 들어서게 된다. 35세가 되던 1982년 연합메디컬상사라는 수입 의약품 도매상을 차려 본격적으로 사업에 뛰어들어 1987년 부도난 락희제약을 인수해 한국유나이티드제약을 설립하고 오늘에 이르렀다. 젊은 날 우연히 입사한 영업직에서 자신의 가능성을 찾아내고,

이것이 바탕이 되어 세일즈를 기반으로 자신의 인생을 만들어 낸 성공 사례라고 말할 수 있다.

두 사람은 미래의 가능성과 자신의 재능이라는 부분을 고려한 집중적인 자기계발 과정, 여기에 약간의 행운이 더해지면서 그 업계에서 자리를 잡은 대표적인 인물이다. 아무리 재능 있는 부분을 갈고 닦더라도 제대로 된 시장이 만들어지지 않으면, 자신이 만들어 낸 능력이 필요한 시장 자체가 쇠퇴한다면 꽃을 피우기가 어렵다. 이런 점에서 거듭 말하면 기업 경영자의 투자 결정과 자기계발 과정은 거의 비슷하다고 할 수 있다.

얼마 전 어느 모임에서 우연히 만난 한 젊은이가 떠오른다. 지방 명문대를 우수한 성적으로 졸업하고 잡은 직장은 전자 부품을 아시아권에 판매하는 무역 업체였다. 그는 매사에 열심이고 똑똑해서 다른 신입사원에 비해 다양한 국가의 바이어를 만날 수 있었고, 일도 꽤 재미있었다고 한다. 그러던 어느 날 '내가 열심히 해 봐야 사장만 부자가 되는데, 이렇게 열심히 하는 것이 과연 의미가 있을까' 라는 생각이 들었다고 한다. 그래서 친구들에게 의논했더니 "야, 그 정도면 좋은 직장이고 앞으로도 네가 어떻게 하느냐에 따라 얼마든지 기회를 만들어 낼 수 있는데 왜 그런 생각을 하냐?"라고 충고했다. 그러나 그는 지방의 한 학교에서 교직원 충원 광고를 내자 미련은 남지만 사표를 던지고 지방행을 결정했다. 차로 함께 이동하는 길에 그 젊은이가 나에게 물었다. "아직도 고민 중인데, 제가 내린 결정이 올바른지 모르겠습니다." 그래서 나는 진지하게 다음 이야기를 들려주었다.

"인생은 그렇게 길지 않습니다. 특히 젊은 날은 말입니다. 제 개인적인 생각으로, 젊은 날부터 지나치게 안정적인 직장을 찾아다니는 것은 현명한 선택이 아닙니다. 대학의 교직원 신분은 안정적이긴 하지만 미래의 가능성 면에서 그렇게 밝지 않다고 생각합니다. 저라면 젊은 날에는 과감하게 뛸 것입니다. 도전하는 것이지요. 전에 근무하던 직장에서도 얼마든지 기회를 잡을 수 있지 않을까요. 당분간은 사장에게 큰돈을 벌도록 해 주어야지요. 그러면서 경험이나 노하우라는 자산을 축적할 수 있지 않겠습니까. 긴 안목으로 보세요. 지방에서 살게 되면 아이들의 장래도 지역적인 제약을 받지 않을까요? 어떻게 경력을 관리할 것인지 결정할 때 아이들의 장래까지 의사결정 과정에 포함시켜야 합니다. 그렇게 장기적으로 보고 결정을 내려야 합니다. 결국 자신의 문제니까 누구도 도움을 줄 수 없습니다. 하지만 저라면 서울에서 승부를 걸어야 한다고 봅니다."

인생은 투자다. 어떻게 투자할 것인가를 결정하는 건 결국 자신의 몫이다. 성공적인 자기계발 사례에 속하는 두 사람과 고민에 빠져 있는 젊은이의 사례는 우리 모두에게 자신을 돌아보도록 만들기에 충분하다.

04 인생 터닝 포인트를 만들어 내는 자기계발

나 공병호의 직업 여정과 터닝 포인트 찾기

성공이냐 실패냐는 판단을 제쳐 둔다면 20여 년간 내가 걸어온 자기계발 여정도 참조할 만한 사례가 될 것이다. 매번 자신의 경험만으로 배워야 한다면 치러야 할 수업료가 너무 비싸다. 다른 사람의 경험은 늘 최고의 스승이다. 특히 비용을 거의 지불하지 않고도 배울 수 있는 멋진 수업이다. 이런 점에서 내가 자기계발을 해 온 사례가 도움이 되길 바란다.

나는 1988년 직업 시장에 첫발을 내디뎠다. 물론 첫술에 배부른 법이 없듯이 첫 번째 직장 생활은 보수나 흥미, 어느 부분에서 보더라도 만족과는 거리가 멀었다. 그 당시 시대 분위기는 자기계발이나 경력 관리를 개인적으로 실천하는 사람이 있었겠지만, 사람들 사이에 공유되는 그런 개념은 아니었다. 그때 사람들은 다른 사람이 어떻게 직장 생활을 하는지에 상관없이 자신만의 견해를 갖고 생활했다. '내 인생은 내가 책임진다' 라는 생각이 분명했던 것이다.

그렇다 보니 끊임없이 최상의 일이나 직업을 찾아다녔다. 만약 첫 직장의 불만족을 주변에 툴툴거리고 돌아다녔거나, 이를 이유로 대충 때우는 식으로 일했거나, 미래를 위해 더 열심히 노력하지 않았다면 그 다음 기회는 주어지지 않았을 것이다. 아마 그렇게 생활했다면 나는 지금도 불평불만을 늘어놓으면서 어느 연구소의 한 자리를 차지하고 있을 것이다.

직장 초년에는 누구나 상사나 동료와의 갈등을 겪게 된다. 이런 갈등 때문에 사표를 던지고 이 직장 저 직장을 전전하는 경우를 본 적이 있다. 나는 전직에 대해 어떤 편견도 갖고 있지 않다. 다만 갈등 때문에 직장을 떠나는 그런 패배의식을 가져선 안 된다고 생각한다. 사람 사는 곳은 어디나 크고 작은 갈등이 있게 마련이다. 이런 갈등을 극복하고 참아 내는 능력도 훗날을 위해 반드시 필요하다. 나 역시 직장 초년에 그런 위기 앞에 무릎을 꿇었다면 오늘은 없었을 것이다. 갈등을 피하기 위해 자신의 직업을 바꾸는 잘못을 저질러선 안 된다. 갈등의 순간이 오면 질긴 사람이 이긴다는 믿음을 갖고 배움의 과정이라고 생각하면 그만이다.

나는 언제 어디서나 노력하는 자세를 유지했다. 뚜렷한 목적지는 없었지만 더 나은 미래를 만들겠다는 결심을 하고 더 나은 기회를 모색하는 작업은 어느 누구에게도 뒤지지 않을 정도로 치열하게 추진해 왔다. 재능이나 능력, 재기 발랄함은 학창 시절의 성적에는 영향을 미칠 수 있지만, 직업 세계에서는 꾸준함과 끈기 그리고 치열함을 빼놓고는 바라는 것을 성취할 수가 없다. 내 인생에서 성장을 위한 결정적인 교두보는 민간 연구소에 입사한 1990년의 일이다. 당시 입사할 수 있는 자격을 얻지 못했다면 내 인생이 어떻게 됐을까 생각할 때마다 그다지 자신 있게 이야기할 수 없다. 그래서 삶에는 몇 번의 터닝 포인트(turning point)가 존재하고, 이것을 잡을 수 있느냐 없느냐에 따라 삶은 큰 진폭을 그리게 된다. 기회가 주어졌을 때 그것을 움켜잡을 수 있어야 그 다음 스토리가 전개된다.

민간 연구소는 사기업에 비해 그렇게 치열한 분위기는 아니었다. 이때 중요한 것 중 하나는 주변의 분위기에 압도당해선 안 된다는 점이다. 다른 사람들이 하는 대로 따라 한다면 죽도 밥도 되지 않는다. 동료들의 판단이나 생각, 행동에 매몰되어선 비슷비슷한 사람밖에 될 수 없다. 지금 어디서 무엇을 하고 있든지 간에 조직은 조직, 타인은 타인, 자기는 자기라는 뚜렷한 주관을 가져야 한다. 모두가 어차피 각자의 길을 걸어간다. 자신만의 뚜렷한 주관이나 배짱이 없다면 주변 분위기에 휩쓸려 다수 의견을 받아들이고 그에 따라 행동하게 된다. 내 경험으로 보면 이런 경우 별로 바람직한 결과를 낳지 못한다.

뒤돌아보면 이처럼 결연함으로 대표되는 '홀로서기'라는 정신적 자립으로 그 다음의 인생 스토리가 전개될 수 있었다. 20대 후반부터 30대 후반까지 10여 년간 가능한 모든 실험을 해 봐야 한다. 그리고 이때는 다양한 경험의 과정에서 뚜렷한 방향성을 갖고 무엇인가를 찾아낼 수 있어야 한다고 생각한다. '무엇을 하고 살아가야 하는가'를 화두로 삼아야 한다. 그 화두에 대한 답을 찾아내는 과정이 바로 이 시기다. 처음에는 범위가 아주 넓지만 자신의 재능이나 강점, 자원 등을 고려해 서서히 범위를 좁혀 나가야 한다. 이 시기를 별다른 생각 없이 그냥 흘려보낸다면 코앞에 마흔이 닥치게 되고, 그후 삶의 속도는 종잡을 수 없을 정도로 빨라진다. 뭔가에 떠밀리듯 삶이 빠르게 흘러가 버린다는 말이다.

가장 폭발적으로 자기계발에 임할 수 있는 시기가 30대라고 생각한다. 그 시기의 가장 강한 추진력은 위기의식이다. 자신의 인생과 직업에 대한 강한 위기의식이 없다면 어떤 노력도 지속적으로 이루어질 수 없다. 기대 수준에 맞게 자신의 삶을 누릴 수 있도록, 화력을 집중시키는 시기가 없다면 당연히 그 후의 성공 스토리는 쓰일 수 없다. 내 경험으로 이런 위기의식은 '무엇을 계발해야 하는가'에 대한 답을 제시하는 데 큰 공헌을 하게 된다. 그러므로 이런 위기의식을 갖지 않는 사람은 그만큼 그 질문에 대한 해답을 제대로 구할 수가 없다. 이렇게 노력하는 동안 크고 작은 기회가 계속 주어질 것이다. 그때마다 놓치지 않고 하나하나 도전해야 하고, 그 기회를 통해 자신의 성공 경험을 하나 둘 축적해 나간다면 큰 기회를 잡을 수 있는 시점에 도달하게 된다. 작은 성공 경험으로 충분히 훈련이 되어 있어야만 그 다음 기회를 알아채고 또 붙잡을 수 있다.

또 하나의 추진력은 결핍(scarcity)에서 온다. 나는 시골에서 나서 자란 것을 큰 자산이라고 생각한다. 그리고 그렇게 넉넉하지 않은 시대를 살아온 탓에 늘 더 높은 목표를 향해 자신을 기꺼이 헌신할 수 있는 자세나 마음가짐을 가지게 되었다. 이 점은 지금도 변함이 없다. 10년, 20년 앞을 내다보았을 때 결핍을 스스로 계속해서 만들어 낼 수 있는가 하는 점이 성공적인 자기계발의 결정적 요인이 되리라 믿어 의심치 않는다. 좋은 환경에서 태어났다거나 상당한 성공을 거두게 되면 물질 등 여러 가지 면에서 결핍이 존재하지 않는다. 그러나 그런 상황에서도 얼마든지 결핍을 만들어 낼 수는 있다. 목표를 높게 잡는 것으로 늘 '상대적 결핍(relative scarcity)'을 만들어 낼 수 있다는 말이다. 위기감과 상대적 결핍은 내 나이 20대와 30대, 그리고 40대를 관류하는 강한 추진력이 되고 있다. 이 두 가지를 자신의 것으로 만들 수 있다면 누구나 지속적으로 자기계발을 이룰 수 있다고 생각한다.

지금 나의 20대와 30대를 되돌아보면 구체적으로 무엇을 계발해야 할지 대상을 정하지 못한 채 직장 생활을 했지만, 항상 그 해답을 찾기 위해 분주하게 노력했다는 점은 젊은 날의 기억 가운데서 가장 자랑스러운 부분이다. 사람들 대부분이 계속적으로 노력해야 한다고 생각하지 않던 시절에 이를 깨닫고 실천에 옮겼기 때문이다. 또한 자기계발 대상에 대한 방향성을 분명하게 설정할 수 있었다는 점은 지금 생각해도 다행스러운 일이다. 확실하지 않았지만 대상을 찾아내려 노력하고 대략적으로 방향성을 갖고 살았던 점은 올바른 선택이었다고 본다.

그리고 40대 초반을 전후해 사기업으로 전직한 것은 준비가 제대로 되지 않은 상태에서 이루어진 선택이었다. 실행하고 나서 문제가 있음을 깨치기는 했지만, 그 선택 역시 인생 전체를 통해 플러스 요인이 되었다. 개인의 자기계발 과정에서 흠결이 없을 정도로 완벽한 로드맵(road map)을 만든다는 것은 쉽지 않은 일이다. 다만 실수나 실패를 맞닥뜨리게 되었을 때 얼마나 빨리 다시 일으켜 세울 수 있느냐는 점이 중요하다. 이런 능력 역시 30대의 자기계발 과정에서 필수적으로 마련해 두어야 하는 것이다.

나는 공적 성격을 띤 연구소에서 1년, 민간 연구소에서 7년, 민간 기업 연구소 경영자로서 3년, 사기업 경영자로서 1년 6개월, 그리고 공병호경영연구소라는 자기 사업을 한 것이 7년째 접어들었다. 세상의 잣대로 재는 성공 여부를 떠나 자신이 '무엇을 하고 살아야 할지' '무엇을 할 때 가장 행복한지'를 깨닫고, 현재 다른 사람들보다 많은 자유를 누리면서 사는 것은 모두 20대 이후 치열하게 전개해 온 자기계발 과정의 포상이라고 생각한다. 이런 경험과 교훈, 이론을 이 책에서 함께 나누어 가질 수 있기를 바란다.

자기계발은 자신을 위한 끊임없는 투자 활동

사업하는 사람들은 불확실함 속에서 끊임없이 기회를 찾는다. 그들은 고객이 진정으로 원하는 것이 무엇인지 알아낸 다음 기꺼이 지갑을 열 수 있는 상품이나 서비스를 만들어 낸다. 그러나 그 시도가 항상 성공으로 이어지지는 않는다. 상품이나 서비스를 시장에 내놓은 다음 성공과 실패는 시장의 반응, 즉 고객의 선호에 따라 결정된다. 그래서 사업하는 사람들은 성공을 찾아 여행길에 오른 사람에 비유된다. 오랜 노력의 결실로 내놓는 상품이라 할지라도 항상 고객에게 인정받을 수는 없다. 행운이 어느 정도 역할을 하기 때문이다. 그래서 사업 세계는 불확실함으로 가득 차 있다. 성실, 근면, 헌신 등한 인간의 성공에 결정적인 덕목이 모두 더해져도 불운의 고배를 마실 수 있다. 이처럼 시장의 반응은 확실함과는 거리가 멀다. 이때는 시장이 모든 것을 결정하게 된다.

한 개인이 무엇을 계발할 것인가를 두고 고민하는 일도, 사업하는 사람들이 고객으로부터 좋은 반응을 받을 수 있는 상품이나 서비스를 개발하는 과정과 별반 차이가 없다. 자기계발을 하려는 사람에게 주어진 현실은 불확실함 그 자체다. 어느 누구도 고객이 어떻게 반응할지 정확하게 예측할 수 없다. 그리고 사업하는 사람들이 내놓은 상품이나 서비스에 비해 개인이 자기계발 과정을 거치면서 만들어내는 능력(ability)이 완성되는 데는 오랜 기간이 걸린다. 그만큼 불확실성도 크게 증가한다. 현재 시점을 기준으로 앞으로 인기가 있을 것이라고 기대되는 능력을 계발하기 위해 많은 시간과 비용을 투자하지만, 한 해 두 해 시간이 지나가면서 자신이 기대했던 능력에 대한 수요가 형편없이 낮아져 버리는 경우도 종종 발생한다. 때로는 특정 재능에 대한 수요 자체가 아예 없어져 버리기도 한다.

대학을 졸업하고 25년 정도의 시간이 흘렀다. 당시 같은 학과를 다녔던 동기들은 다양한 분야에서 활동하고 있다. 대학에서 학생을 가르치고 있는 친구, 은행이나 증권사 등에서 직장 생활을 하는 친구, 일찍부터 경영학 석사(MBA) 학위를 받고 외국계 기업에서 일하는 친구 등 다양한 분야에 진출해 있다. 소수의 친구는 자기 사업을 하고 있지만 그들 모두가 성공을 거둔 것은 아니다. 자기 사업으로 잘나가던 친구도 한때의 판단 실수로 그동안 모았던 모든 것을 날려버리고 재정적으로나 가정적으로 어려움을 겪기도 한다.

직장 생활을 하든 사업을 하든 결국 자신이 가진 시간과 돈, 에너지를 특정 능력의 계발에 투자한다는 점에서는 그다지 큰 차이가 없다. 사업가는 상품이나 서비스, 우리는 특정 능력을 계발한다는 점에서 차이가 있을 뿐이다. 어떤 능력을 계발할 것인가 하는 판단을 내릴 시점에 인기가 있던 능력이 그것을 요구하는 업계의 부침에서 성역으로 남아 있을 수는 없다. 입사할 당시 인기 있던 업종으로 진출했지만, 업계 자체가 통폐합 대상이 되어 어려움을 겪는 친구도 여러 명 있다.

대학 강단을 선택한 친구는 동기에 비해 비교적 오랜 시간을 공부에 투자했다. 학위 과정에 최소 5년을 투자한 뒤 늦게 진출한 학계는 직업 안정성은 있을지 모르지만 과거에 비해 경제적인 면에서는 매력적인 곳이 아니다. 이들이 지금도 예전처럼 똑같은 선택을 했을까? 이 질문에 대학 동기들 가운데 "그렇다"라고 대답하는 사람은 그다지 많지 않을 것이다.

로버트 라이시(Robert B. Reich)는 하버드 대학교의 교수와 미국 노동부 장관을 지내고 지금은 브랜다이스 대학교의 교수로 있다. 그는 졸업 이후의 진로 선택과 동시에 이루어지는 능력 계발에 대해 의미

심장한 이야기를 들려준다.

> 내가 1968년 대학을 졸업했을 때는 변호사나 투자은행 쪽이
> 아닌 대학 교수를 목표로 하는 사람은 약간의 수입을 포기하면 됐
> 고, 교수직이 주는 정신적 보상이 경제적 손실을 메워 줄 것이라고
> 생각했다. 새로운 천년이 시작되면서 대학 교수와 변호사, 혹은 투
> 자은행 직원 사이의 봉급 격차는 엄청날 정도로 벌어져 있다. 최근
> 뉴욕의 한 변호사 사무실에 취직한 제자 한 명이 연봉과 계약금을
> 합쳐 받은 돈이 올해 53세의 종신 교수가 받는 연봉의 거의 두 배에
> 달하고 있다. 이 제자는 그 교수에게 바로 몇 주 전에 인사를 하고
> 떠났다. 그 교수가 1968년에 대학을 졸업하면서 같은 유혹을 받았
> 더라면, 아마도 정신적인 보상 때문에 그 유혹을 견디어 냈을 것이
> 라고 생각하고 싶을 것이다. 그러나 그는 솔직히 확신할 수 없다고
> 한다.
>
> 『부유한 노예』(로버트 라이시, 김영사, 2002, p.181).

로버트 라이시 교수는 '그 교수'라고 표현했지만 어쩌면 1946년
생인 자신의 이야기일 수도 있고, 아니면 하버드 대학교에 몸담고 있
는 동료 교수의 이야기일 수도 있다. 그들은 업종마다 엄청난 보수
격차가 벌어지는 현 상황에서 과거에 자신을 포함해 동료들이 내렸
던 능력 계발과 관련된 의사결정이 과연 올바른 선택이었을까 하는
질문을 던지고 있다. 결론을 내리고 있지는 않지만 아마도 학교에 남

기로 했던 결정 그 자체가 흔들렸을 수도 있다는 생각이 든다.

이런 점에서 자기계발의 대상을 선정하는 작업은 철두철미하게 개개인에게는 중장기에 걸친 결정적인 투자 활동이라고 할 수 있다. 어떤 능력을 계발하는 데 투자해야 할까? 그런 투자 항목은 어떻게 선택해야 할까? 시간과 비용과 에너지를 얼마나 투입해야 할까? 이것은 한 인간의 미래를 결정하는 데 아주 중요한 의미를 가진다. 모든 투자 행위는 '매몰비용(sunk cost)'을 가질 수밖에 없다. 즉 이미 지출해 버려 다시 회수할 수 없는 비용을 말한다. 그래서 알면 알수록 삶을 살아가는 순간순간, 특히 젊은 날의 의사결정이 정말 중요하다는 사실을 뼈저리게 느끼고 있다.

주변에서 흔하게 관찰할 수 있는 상황을 살펴보겠다. 20대 이후 한 분야에 종사하면서 자기 나름대로 열심히 특정 능력을 계발해 왔다고 하자. 이때 능력은 지식, 정보, 인맥 등 한 분야에서 고객에게 가치(value)를 만들어 낼 수 있는 것을 말한다. 그런데 환경이 변화하면서 그동안 투자해 온 것을 회수할 수 없을 정도로 수요 자체가 없어져 버리는 경우가 있다. 직장인이든 사업가이든 간에 이는 최악의 상황에 해당한다. 주변에서는 이미 날려 버린 시간과 비용에 연연하지 말고 다시 살길을 찾으라고 권하지만, 실상 당사자의 입장에서는 지불해야 할 비용이 만만치 않다.

모든 자기계발에서 관심을 갖는 능력 계발은 항상 이 같은 위험을 내포하고 있다. 누구에게나 이런 상황이 벌어질 수 있다. 더욱이 기술 변화가 극심한 분야에서 이 같은 상황은 누구에게나 일어날 수 있다. 어느 누가 시장 수요를 정확하게 내다볼 수 있겠는가? 이런 점에서 기업들이 사업 구조를 어느 수준까지 다양화하면서 위험을 관리해 나가는 것은 개인에게도 예외가 될 수 없다. 다만 리스크를 어느 정도 분산해야 하느냐는 문제로 남게 된다. 사업과 달리 개인의 능력 계발은 위험을 관리한다는 면에서는 아무래도 한계성을 지닌다. 무엇인가를 계발한다는 이야기는 다르게 표현하면 다른 무언가를 포기하는 것을 뜻하기 때문이다. 따라서 자기계발을 위해 의사결정을 내려야 하는 사람이라면 다음 열 가지 질문에 대한 답을 찾으려고 노력해야 한다. 다른 사람의 지식이나 경험을 통해서도 배울 수 있지만, 결국 자신만의 독특한 해답을 찾을 수 있어야 하고 이를 바탕으로 자기계발에 대한 의사결정을 내릴 수 있어야 한다.

자기계발을 위해 먼저 던져야 할 열 가지 질문

① 어떤 능력을 우선적으로 계발해야 하는가?

② 그런 능력을 갖고 맞게 될 미래의 모습을 어떻게 내다보는가?

③ 자신이 선택하려는 길을 먼저 걸어간 사람들에 대해 조사해 보았는가?

④ 그들을 만나 직접 이야기를 들어 보았는가?

⑤ 그런 능력을 어떻게 계발할 것인가?

⑥ 동원 가능한 자원에는 어떤 것이 있는가?

⑦ 포기해야 할 활동에는 어떤 것이 있는가?

⑧ 기간은 어느 정도로 예상하고 있는가?

⑨ 자기계발을 통해 궁극적으로 도달하려는 목표는 무엇인가?

⑩ 지금 당장 어떤 노력을 해야 하고, 그렇게 하고 있는가?

한 가지 분명한 사실은 자신이 유한한 젊은 시기를 걸고 투자하는 투자라는 사실을 깊이 인식하고 살아야 한다는 점이다. 그냥 생각 없이 사는 것이 아니라 이런 선택을 할 때 자신이 얻을 수 있는 것이 무엇인지, 포기해야 하는 것이 무엇인지를 정확하게 인식하면서 살아야 한다.

"자신의 삶에 대한
포트폴리오를 제대로 짜라!"

1932년 태어난 찰스 핸디(Charles Handy)는 조직 행동과 기업 경영에 관한 작가이자 사상가로서 아일랜드계 영국인이다. 그는 우리나라에서도 번역된 『코끼리와 벼룩』(2001), 『비이성의 시대』(1989), 『헝그리 정신』(2002) 등을 저술했다. 세계적으로 비즈니스맨들에게 큰 영향을 미친 '사상가 50(The Thinkers 50)'에 2001년 피터 드러커 교수에 이어 2위, 2003년에는 게리 해머에 이어 5위, 2005년에는 10위에 오를 정도로 그 영향력이 대단하다. 그의 저서 가운데 『코끼리와 벼룩』은 이 분야에서 고전이라고 불릴 정도로 훌륭한 내용을 담고 있으며, 나 또한 직장인들의 권장 도서에 이 책을 반드시 포함시킨다.

찰스 핸디는 초기 사기업 경력의 대부분을 셸인터내셔널(Shell International)에서 보내고 1967년 런던비즈니스스쿨 설립에 깊이 간여

했다. 그는 1972년 사기업 생활을 접고 교수로 전직하면서 원저성의 성 조지 하우스의 학장직을 맡았다. 40대 중반에는 학교생활을 접고 그가 새롭게 명명한 '포트폴리오 인생' 이른바 '벼룩의 생활'로 들어서게 된다. 우리가 흔히 말하는 프리랜서의 삶을 시작한 것이다.

개인적으로 내가 같은 생활을 시작했을 때 『코끼리와 벼룩』이 출간되었는데, 당시 이 책을 읽고 공감한 바가 적지 않았다. 그리고 이 책은 나에게 새로운 삶에 큰 용기와 지혜를 주었다. 2001년 나온 작품이지만, 시간이 흐르고 나서 다시 읽어도 그 직관력과 통찰력에 여전히 고개를 끄덕이게 된다.

그가 제시하는 미래의 특징은 개인이 지금보다 선택의 자유를 더 많이 누리며, 그 선택에 대해 스스로 책임을 지는 시대가 될 것이라는 점이다. 그리고 수명이 늘어나면서 우리의 인생이 정형화된 한 가지 패턴, 즉 '학교생활→ 조직 생활→ 은퇴 생활'에서 다양한 패턴으로 변모해 갈 것이라 내다보고 있다. 우리가 흔히 이야기하는 일모작과 이모작, 삼모작과 같은 모습의 삶으로 변화해 갈 수 없음을 이렇게 전망하고 있다.

우리가 장차 진입할 세계가 점점 더 개인의 세계, 선택과 리스크의 세계가 되어 가고 있다고 확신하기 때문에 나는 이 책(『코끼리와 벼룩』)을 썼다. 미래의 세계는 항상 편안하기만 한 세상은 아닐 것이므로 리스크 또한 높다. 하지만 이제 우리의 삶을 스스로 형성하고 우리 자신을 스스로 규제하는 기회는 그 어느 때보다 많다. 이제 인생은 길어졌다. 일생 동안 3가지 형태의 삶을 살 수가 있게 되었다. 그런 형태 중 하나가 바로 벼룩의 삶이다. 나는 지금까지 겪어 온 여러 형태의 삶 중 그것이 가장 좋은 삶이라는 것을 발견했다.

『코끼리와 벼룩』(찰스 핸디, 생각의 나무, 2001, p.64).

찰스 핸디는 미래를 준비하는 인재가 갖추어야 할 일반적 조건의 하나로 "자신의 이력을 스스로 책임져야 한다는 사실을 커다란 도전으로 받아들여야 한다"는 점을 강조한다. 동시에 "자기 자신을 판매하고 값어치를 결정하는 방법을 배워 자신의 학습과 능력 계발을 잘 조정하고, 자신의 여러 가지 삶 사이에서 균형을 잡는 방법을 배워야 한다"는 점도 강조한다. 여기서 한 걸음 더 나아가 이런 유형의 삶을 가르쳐 주는 학교가 아직 존재하지 않기 때문에 앞서 비슷한 삶을 제대로 살아가고 있는 사람들의 경험과 교훈을 참조해 자신만의 길을 개척해 나가야 한다고 말한다.

그렇다면 찰스 핸디는 구체적으로 미래에 승자가 되기를 원하는 인재가 어떤 조건을 갖추어야 한다고 생각하고 있는가? 그는 어느 곳에서도 '미래 인재의 조건'이라는 제목으로 정리해 이야기하고 있지 않다. 다만 그의 주장 가운데서 '미래 인재의 조건'을 유추해 볼 수 있다. 그는 자신의 세대가 당연하게 여기던 시대를 두고 '회사원의 시대'라고 부른다. 개인의 삶에서 소망하는 안정감과 승진, 보람 등 거의 전부를 회사가 제공하는 시대를 말하는 것이다. 그는 "내가 회사 생활을 처음 시작했던 그런 기업의 세계는 이제 영원히 사라져 버렸다. 새로운 회사들은 아주 다른 곳이 되어 버렸고 그런 변화는 앞으로도 계속될 전망이다'라고 말한다. 그렇다면 어떤 변화가 기업에 몰아치게 될 것인가? 그는 기업 가치를 차지하는 몫이 개인의 머릿속으로 더 많이 들어가게 되어 회사가 점점 개인의 연합체 성격을 띠게 될 것이라고 한다. 그리고 지식을 판매할 수 있는 가치를 깨친 사람은 일정한 시간에 대한 대가로 지불받는 임금이나 봉급에 만족하지 않을 것이라고 가정한다. 회사에 고용된 사람도 자신의 지식이 회사 가치에 기여한 몫에 대해 일정 비율로 보장하는 수수료나 로열티를 요구하게 될 것이라고 한다. 고용 형태나 보수, 모두 직원에 대한 봉급 형식이 아니라 프리랜서에 대한 수수료 형식을 따르게 된다는 것이다. 그가 내다보는 회사의 미래는 다음과 같다.

피고용자(직원)는 임금이나 봉급을 지불받는다. 프리랜서는 수수료를 청구한다. 프리랜서는 자신의 노하우 결과를 판매할 뿐, 노하우 자체를 판매하지는 않는다. 반면에 직원은 일의 결과가 아니라 시간을 회사에 팔아 버림으로써 그 시간을 이익으로 전환시키는 노하우마저도 암묵적으로 함께 팔아 버리는 것이다.
앞으로 점점 더 많은 프리랜서들이 자신의 지식을 철저히 통제하기 위하여 회사를 상대로 수수료를 청구할 것이다. 그렇게 되면 정의하기 애매모호한 지적 재산은 점점 더 벼룩들에게 속하게 될 것이고 점점 더 많은 코끼리들에게 임대될 것이다.

『코끼리와 벼룩』(찰스 핸디, 생각의 나무, 2001, p.155).

따라서 찰스 핸디는 지금 조직을 위해 일하는 사람이라도 자신의 시간표에서 우선순위를 정하고 돈 버는 일, 학습, 다른 사람을 위한 봉사 등 다중과업(multi-tasking)을 일상생활의 일부분으로 받아들일 필요가 있다고 말한다. 이것을 찰스 핸디는 '포트폴리오 인생'이라고 표현한다. 조직에 머무는 동안 자신의 삶을 그런 시각으로 재조정할 필요가 있으며, 조직을 떠난 이후에는 그런 생활이 긴 인생에서 조직 생활 못지않게 중요한 부분을 차지하게 될 것이다. 그래서 그는 '미래 인재의 조건'은 조직에 몸담고 있든 아니든 간에 궁극적으로 참여할 수밖에 없는 '포트폴리오 인생', 즉 '벼룩의 인생'이 요구하는 조건을 갖추어야 한다고 말한다. 그는 세 가지 조건을 예로 들고 있다.

첫 번째 조건. 팔 수 있는 기술이 필요하다

찰스 핸디는 "회사는 이제 많은 사람이 거쳐 가는 첫 번째 이력 혹은 벼룩 생활로 가는 전주곡이 될 것이다"라고 말한다. 그렇다면 그 후의 삶은 전적으로 조직을 떠나 어떤 고객에게 자신의 기술을 제공하고 그 대가를 받는 것이 되어야 한다. 이때 제공하는 기술에서 과거의 경력이나 자리는 중요하지 않다. 최근 그 사람이 어떤 활동을 통해 실제로 고객에게 가치를 제공할 수 있는 기술을 갖고 있는가 하는 점이 중요하다.

이를 두고 찰스 핸디는 '선상의 우정'이라는 매력적인 용어를 사용한다. 선상의 우정이란 배가 바다에 떠 있을 때만 유효한 우정이다. 배가 항구에 닻을 내리면 각자의 길을 가게 된다. 그러니까 직장 생활과 달리 프로젝트가 진행되는 동안 상대방이 요구하는 확실한 가치를 제공할 수 있는 기술을 소유해야 한다. 이런 점에서 과거에 자신이 무슨 일을 해 왔고, 어떤 자리에 있었는지를 강조하는 것은 넋두리에 불과하다. 지금 당장 어떤 기술을 갖고 고객을 만족시킬 수 있을지 모든 직장인은 고민해 봐야 한다.

두 번째 조건. 생활 구획 짓기 능력이 필요하다

세계가 점점 촘촘한 정보망으로 연결되면서 사람들은 컴퓨터, 모바일, PDA, 메신저 등을 통해 24시간 일을 하게 되었다. 그러므로 돈 버는 일, 휴식, 다른 사람을 위한 봉사, 가정 꾸리기 등을 하나의 포트폴리오로 대하고 균형을 유지해 나가는 것이 필요하다. 찰스 핸디는 이에 대해 "앞으로 새롭게 등장할 현상은 포트폴리오 사고방식이 전 기업에 널리 전파되리라는 것이다"라고 강조한다. 농경시대의 생활 구획 짓기가 일요일과 축제였다면 산업화시대는 주말, 법정 휴일, 휴가 등으로 구성되어 있다. 글로벌 정보시대가 가속화되면 언제 어디서든 자신의 선택에 따라 업무를 할 수 있는 시대가 될 것이다. 그러므로 개인이 주도적으로 자신의 생활을 스스로 구획하는 능력을 갖추어야 업무의 성과와 건강, 행복감을 찾는 데 도움이 된다. 이는 회사원의 삶에도 자영업자가 오랫동안 해 왔던 삶의 특성이 스며들 수밖에 없음을 뜻한다.

미국에 갈 때마다 느끼는 것은 재택근무자가 생각보다 많다는 점이다. 각자 자신의 스케줄에 따라 일하고, 직장인이 일하는 시간에도 좋은 조깅 코스에 사람들로 차고 넘친다. 각자 알아서 자신의 삶을 꾸려가는 사회로 한 걸음 성큼 다가서고 있음을 느끼게 된다.

세 번째 조건. 가정 경영 능력이 필요하다

이 능력은 구체적으로 결혼 생활의 유형이 바뀌고 있다는 점에서 중요하다. 예외적인 사람도 있겠지만 대부분의 사람은 자신의 결혼 생활이 오래오래 행복하기를 바란다. 우리 사회에서도 이혼율이 크게 증가하는 추세인데, 찰스 핸디는 건강한 결혼 생활의 유지를 상당한 비중을 두고 다루고 있다. 이는 충분히 예상 가능한 일로, 조직 생활이 우리 삶의 전부를 차지할 때는 전통적인 결혼 유형, 즉 남편은 돈을 벌고 아내는 가정을 꾸린다는 유형이 지배적이었다. 그러나 조직 생활이 삶의 일부분이 되고 수명이 크게 늘어나면서 결혼 생활의 유형 역시 환경 변화에 맞춰 진화해 나가야 한다는 것이다.

찰스 핸디는 결혼 생활의 유형을 네 가지로 나눈다. 부부가 전일제 직장을 다니고 아이가 없는 '경쟁적 결혼 생활', 남편의 일을 가장 중시하고 아내가 보조하는 '전형적 결혼 생활', 아이를 낳아서 키우지만 출퇴근 시간이 달라 공유할 부분이 거의 없는 '격리된 결혼 생활', 끝으로 부부가 모든 역할을 공유하는 '공유된 결혼 생활'이다. 아이가 성장해 집을 떠나게 되는 상황이 되면 찰스 핸디의 제언은 동등한 파트너로서 '공유된 결혼 생활'에 대해 서로 공감대를 유지할 수 있어야 한다는 것이다. 그는 "성공적인 결혼 생활의 비결은 인생의 사이클이 바뀌면서 결혼 패턴을 적절히 바꾸어 주는 것이다. 많은 친구와 동료가 그들의 전통적 결혼 패턴이 아이의 성장과 함께 끝났는데도 그런 상황 변화에 잘 적응하지 못한다"라고 지적했다. 그 결과는 이혼으로 이어질 가능성이 높다. 결혼 생활의 패턴을 적절히 바꾸어 나가는 일 역시 미래 인재의 조건 가운데 하나에 포함되어야 한다.

자신의 업(業)을
정확하게 알면
미래가 보인다

기본을 제대로 파악하고 이를 반복하
는 것이 모든 분야에서 성공하는 정
도이자, 지름길이다. 미래를 준비하
는 일이 멀리 있는 것은 아니다. 오늘
내가 맡고 있는 그 자리, 그 일마
다시 일깨워 일하면서 자기 계발을 위
해 무자해야 할 분야를 정확하게 안
다는 것이다. 그런 다음 구체적으
로 시간과 노력을 투자하면 성공적인
미래를 열어 갈 수 있다.

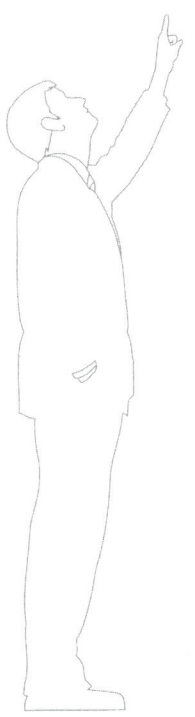

2

01 자신의 업에서 미래의 핵심을 찾아라

사업 세계의 흥망에 영향을 미치는 요인이 너무 많아서 이런 요인을 체계적으로 정리할 수 있는가에 대해서는 다양한 의견이 있다. 삶에서 성공과 실패를 결정하는 요인이 복잡한 것처럼 사업 역시 성공과 실패에 영향을 미치는 요인이 서로 밀접하게 연결되어 체계적인 정리가 아예 불가능하다고 주장하는 전문가도 있다. 이런 주장을 펼치는 사람들 가운데 대표적인 사람으로 댄 케네디(Dan S. Kennedy)를 들 수 있다. 그는 성공학에서 제시되는 대부분의 법칙이나 규칙에 대해 '사기'라는 주장을 서슴지 않고 한다. 그러나 나는 댄 케네디의 말에 동의하지 않는 충분한 이유를 갖고 있다.

사람들은 불확실함 속에서 살아가고 있다. 자신의 생활을 잠시 살펴보라. 과거뿐 아니라 현재와 미래에 대한 생각과 판단, 여기서 한 걸음 더 나아가 어떤 행동을 하는 데도 그냥 무턱대고 할 수 없다.

사람들은 늘 인과관계를 찾아내려고 노력한다. 어떤 사건이나 현상이 발생하면 이를 제대로 설명할 수 있는 요인을 찾는다. 이들 요인이 어떤 사건이나 현상을 전부 설명할 수 있으리라고 기대하지 않지만, 어느 정도 설명할 수 있다면 그것만으로도 충분한 가치가 있다.

예를 들어 자신이 사업가라고 생각해 보자. 법칙에 대해 부정적으로 이야기하는 사람들이 있지만 늘 "어떻게 하면 사업에서 성공할 수 있을까?"라는 질문에 대한 답을 끊임없이 찾을 것이다. 이를 쉽게 풀면 왼쪽에는 '사업의 성공'이란 변수와 오른쪽에는 이를 설명할 수 있는 요인, 즉 '사업의 성공 포인트'이자 '사업의 성공을 결정하는 요인'을 머리에 그려 보는 것이다.

우리는 본능적으로 '인과법칙'에 따라 생각하고 판단하고 행동한다. 특별히 공부를 많이 하지 않은 사람도 인지구조의 중요한 부분은 인과관계를 찾아내는 일임을 인식하고 있다. 사업가가 아니라도 어떤 일을 성공시키기 위해 자신이 무엇을 해야 하는가에 대해 스스로 질문을 던지게 된다. 그러므로 설명할 수 있는 요인을 하나로 묶어 법칙이든 규칙이든 원칙이든 간에 어떤 용어로 표현하더라도 무언가를 설명하기 위한 개념적 틀을 가정하는 일을 완전히 버릴 수는 없다.

사업가의 머리에는 항상 사업 성공이라는 목적이 떠나지 않는다. 이를 달성하기 위해 "과연 내가 무엇을 해야 하는가?"라는 질문에 대한 답을 늘 찾고 있다. 한 가지 예를 들어 보겠다. 1973년 주위 반대를 무릅쓰고 '세븐일레븐 재팬'을 창업해 일본 제1의 유통 업체를 만든 스즈키 도시후미[鈴木敏文] 회장이 있다. 그는 '세븐 앤 아이 홀딩스' 회장으로 세계 5위의 유통 업체를 만들어 낸 걸출한 인물이다. 세븐일레븐 창업 때부터 1,300회에 걸쳐 매주 열린 전체 회의에서 변화에 대응하는 것의 중요성을 강조한 그의 강연 내용을 묶어 놓은 책이 있다. 그는 스포츠나 장사의 세계를 막론하고 기본을 익히지 않으면 어떤 응용 기술의 사용도 효과가 없다고 말한다. 누구나 잘 알고 있는 것처럼 보일지 모르지만 막상 기본을 확실히 하고 있느냐는 질문에 '그렇다' 라고 답할 수 있는 사람은 의외로 적다는 점을 지적한다. 여러 강연이나 워크숍 등을 다니면서 경험하는 일도 스즈키 회장과 비슷하다. 잘 알고 있는 것처럼 보이지만 오랫동안 사업을 해 온 사람도 기본을 잘 모르거나 막연히 알고 있는 경우가 많다. 그는 저서에서 편의점과 같은 전통적인 장사야말로 장사의 기본 원칙을 제대로 실천한 게 성공 비결이었다고 역설한다.

그가 역설하는 '장사의 기본 원칙' 역시 하나의 법칙이다. "장사에 성공하기 위해 무엇을 해야 하는가?"라는 질문에 대해 가장 설득력 있는 요인을 답으로 정리한 것이라고 생각한다. 그는 "장사의 기본적인 네 가지 원칙은 상품 구색, 신선도 관리, 청결, 친절한 서비스"라고 지적하면서 이를 제대로 실천하는 일이야말로 장사에서 성공하기 위한 결정적 요인이라고 말한다.

환경 변화 속에서 우리가 장사를 꾸려 나가는 데 해야 할 일은 먼저 기본으로 돌아가서 이를 철저하게 지키는 것이다. 기본에서부터 쌓아 올려야 되는 것이다. 어려운 것은 하나도 없다. 무엇보다도 철저한 상품 구색, 신선도 관리, 청결, 친절한 서비스를 실천하는 것이다. 달리 방법이 없다.

『장사의 원점』(스즈키 도시후미, 큰나, 2006, p.13).

그가 또 하나 강조한 것은 경쟁이 치열해지면 사업하는 사람은 어떻게 성공할 수 있을까를 깊이 생각하게 되고, 그 결과 많은 경쟁 회사가 기본을 정확하게 인식하게 되었다는 점이다. 그 다음부터 사업은 누가 더 철저하게 이런 기본 원칙을 지키느냐, 그리고 지키기 위해 노력하느냐에 따라 승패가 결정된다고 한다. 철두철미하게 기본 원칙을 반복해서 더 나은 상태로 나아갈 수 있는지에 대해 스즈키 도시후미 회장은 이런 이야기를 덧붙인다.

장사라는 것은 원래 화려한 사업이 아니다. 당연한 것을 꾸준하게 오기가 넘치도록 철두철미하게 쌓아 나가는 길밖에 타 경쟁 가맹점과 차별화를 도모하는 길은 없다. 1~2주일 동안 청결에 신경을 쓰면 금세 매출이 올라간다는 것은 아니다. 거꾸로 언제나 깨끗한 가맹점이 조금 더러워졌다고 해서 급속하게 매출이 떨어지는 것도 아니다. 무서운 것은 바로 여기부터다. 이러한 형식적인 유혹을 배제하고 기본을 철저하게 지켜 나가며, 이를 장기간에 걸쳐서 유지해 나가면 가맹점을 찾는 고객이나 매출이 증가하는 것이다.

『장사의 원점』(스즈키 도시후미, 큰나, 2006, p.15).

기본을 제대로 파악하고 이를 반복하는 것이야말로 장사에서 성공하는 방법이자 사업에서 성공하는 방법이다. 이런 점에서 사업이란 외관으로 볼 때는 근사하고 화려하게 보일지도 모르지만 기본을 반복해야 한다는 점에서는 그다지 화려하지 않다는 것은 사업 세계에 뛰어드는 사람이라면 누구나 깊이 새겨들어야 할 지적이다. 오히려 기본을 철두철미하게 반복하고 이를 제대로 응용해 나가야 한다는 것을 명심한다면, 사업의 성공이 아주 어려운 일만은 아닐 수도 있다.

　한편 비슷한 이야기가 맥도날드 형제로부터 캘리포니아의 샌버나디노 가게를 인수하여 오늘날 세계적인 패스트푸드 업체인 맥도날드를 만들어 낸 레이 크록(Ray Kroc)의 자서전에도 등장한다. 다양한 배경을 가진 사람이 맥도날드의 성장과 함께 프랜차이즈를 책임지게 되었다. 이들 가운데는 전직 식료품점 점원, 소다수 웨이터, 군인 등 다양한 직업 출신이 포함되어 있었는데 이들에게 맥도날드 사업의 성공에 대한 기본 요소를 제대로 가르쳐야 할 책임을 진 사람이 바로 레이 크록이었다.

　이들을 교육시키는 과정에서 레이 크록은 성공의 기본 요소를 반복적으로 들려준다. 그는 '품질, 서비스, 청결, 가치'를 늘 강조했는데, 이를 두고 훗날 레이 크록은 "이것을 한 번씩 부르짖을 때마다 벽돌 하나씩을 쌓았다면 아마도 대서양을 횡단할 수 있는 길이가 되었을지도 모른다"라는 농담 반 진담 반의 이야기를 들려준다. 물론 이처럼 성공의 기본 요소는 프랜차이즈점을 담당하는 경영주에게만 해당하는 이야기가 아니라 가게의 지배인이나 종업원에게도 항상 강조되어야 할 사항이다. 기본을 정확하게 파악하고 이를 반복적으로 강조하면서 실천에 옮길 수 있느냐는 점이 기업 경영의 성공에서 중요한 역할을 하게 된다는 말이다.

한편 1964년 아버지 메리어트 1세의 뒤를 이어 메리어트를 세계적인 호텔 그룹으로 성장시킨 메리어트 인터내셔널의 현 회장이자 최고경영자인 메리어트 2세의 기업 경영에 대한 이야기는 다시 한 번 사업의 성공 포인트에 대한 확신을 심어 준다.

메리어트 2세에게 사업의 기본 요소를 가르친 사람은 바로 그의 아버지였다. 메리어트 1세는 음식점과 호텔 경영의 결정적인 성공 요소로, 올바르게 일하는 방법을 기초로 일정한 규칙을 정하고 이것을 표준운영절차(Standard Operating Procedure; SOP)라고 불렀다. 그리고 어떤 직원이라도 이 절차에 따라 업무를 처리함으로써 고객에게 최상의 일관성 있는 서비스를 제공할 수 있다는 점을 강조했다. 물론 표준운영절차를 성역화하지 않고 계속해서 문제점을 찾아내어 개선과 혁신을 해 나가야 하지만, 이 절차를 모두가 적극적으로 실천하는 것이야말로 사업 성공의 중요한 요소라고 받아들였다. 아버지한테서 이 같은 교훈을 얻은 메리어트 2세는 사업 성공의 기본 요소로 그런 시스템을 제대로 만들어 내고 이를 실천에 옮길 수 있는가 하는 점을 들고 있다. 메리어트 2세는 이따금 시스템에 신경을 쓰지 않아서 서비스가 일관성을 잃게 되어 결과적으로 고객의 신뢰를 잃어버리는 기업을 볼 때마다 놀라지 않을 수 없다고 말한다. 그는 메리어트라는 브랜드를 공유하는 기업의 핵심 경쟁력은 표준 운영 절차에 따른 경영이라는 사실을 다음과 같이 강조한다.

기본적으로 시스템은 사람을 위주로 하는 기업에서 자연적으로 발생하는 혼돈에 질서를 부여해 준다. 기본적인 규칙이 없다면 100명에게 똑같은 과업을 주었을 경우, 일하는 방식이 100가지는 아니더라도 최소한 12개 이상의 각기 다른 결과를 낳게 된다. 같은 실험을 수천 명에게 해 보면 더 큰 혼돈만이 생겨날 뿐이다. 따라서 효율적인 시스템과 명확한 규칙만이 일관성 있는 제품과 서비스를 생산할 수 있게 해 줄 것이다.

최소한 우리의 관점에서 볼 때 일관성은 위탁 경영 서비스와 숙박 사업에 있어서 굉장히 중요하다. 내가 인용했던 에머슨은 "어리석은 일관성은 생각할 여지를 없애 버린다"라고 비난한 적이 있지만, 생각 없는 일관성과 사려 깊게 정한 표준화를 절대로 혼동해서는 안 된다. 메리어트에 있어서는 후자가 오늘날과 같은 성공의 주된 원동력이 되어 주었다.

『메리어트의 서비스 정신』(J. W. 메리어트 2세, 세종서적, 1999, p.46).

위에서 설명한 세 가지 사례는 분야는 다르지만 사업의 성공을 이끄는 핵심 조건을 고민하고, 이를 정리한 다음 반복해서 실행에 옮김으로써 성공할 수 있다고 주장한다. 이른바 사업의 성공을 위한 인과법칙이 중요하다는 점을 강조하고 있다.

02 업의 본질을 파악해야
성공의 문을 연다

앞에서 언급한 세 명의 기업가는 사업의 성공 포인트를 각각 세 가지 용어로 부른다. 즉 스즈키 도시후미 씨는 '장사의 기본 원칙', 레이 크록은 '성공의 기본 요소', 메리어트 2세는 '성공의 원동력'이라고 말한다. 어떤 용어를 사용하든 간에 성공 포인트는 사업가들이 자신의 사업에서 성공을 거두기 위해 무엇을 해야 하느냐에 목적이 맞춰져 있다. 그런데 이처럼 "무엇을 해야 하는가?"라는 실용적인 목적 이외에 자신이 하고 있는 사업의 근본에 대해 생각해 보는 것도 의미가 있다.

이를테면 어떤 특정 사업을 할 때 자신이나 직원들에게 "이 사업의 근본은 무엇일까?" "이 사업의 핵심은 무엇일까?" "이 사업의 본질은 무엇일까?"라는 질문을 던질 수도 있다. 업의 본질을 정확하게 이해한다면, 내가 지금 무엇을 해야 하는가에 대한 답을 의외로 쉽게 찾을 수 있다. 그러나 사업의 본질을 정확하게 파악하지 못하면 그만큼 본질과 관련 없는 다른 일에 시간과 돈, 에너지를 쏟아 붓는 실수를 저지를 가능성이 높다. 물론 자신이 가진 자원이 무한정하다면 이런 활동에 자원을 투입하는 것도 그다지 나쁘지 않지만, 최우선적으로 자원을 투입해야 하는 일을 제쳐 놓고 우선순위가 떨어지는 활동에 관심을 갖는 것은 앞뒤가 바뀐 것이다.

삼성그룹의 창업자 호암 이병철 전 회장이 강조하는 내용 가운데 사업의 본질과 관련한 대목이 자주 등장한다. 그를 오랫동안 가까운 거리에서 모셨던 이창우 씨는 "호암은 일개 식당의 운영 방식이나 구성원의 의식에서도 경영의 핵심 원리를 찾아내는 탁월한 능력의 소유자였다"라는 설명을 덧붙이면서 호암의 이야기를 다음과 같이 소개하고 있다.

무슨 일에나 그 일의 핵심이 되는 중요한 요소가 있는데, 책임자가 핵심적인 일에는 손대지 않고 그저 외견상 중요하게 보이는 일, 예를 든다면 돈을 계산한다거나, 손님에게 인사를 한다거나 하는 일들을 주로 하기 때문에 사업에 깊이가 없어지고, 뿌리를 내리기가 힘든 것입니다. 일본에는 몇백 년씩 대를 이어서 사업을 하는 사례가 허다하고, 또 대를 이을 사람은 대개 그 사업의 가장 핵심적인 일을 직접 합니다. 그러나 우리는 다른 사람에게 일을 시키려고 만드니 사업의 핵심적인 특징이 전수되지 않는 것입니다. 우리 사장들도 회사를 위해서 정말 중요한 일을 해야지, 중요하지 않은 일에 손을 대면 절대 안 됩니다.

『다시 이병철에게 배워라』(이창우, 서울문화사, 2003, p.53).

'사업의 본질'을 쉽게 풀이하면, 지금 하고 있는 사업에서 "무엇이 가장 중요한 일인가?"를 가리킨다. 그것을 정확히 깨달았을 때만 무엇을 해야 하는가에 대한 답을 찾을 수 있다. 이창우 씨가 쓴 책에는 업의 본질과 관련해 호암이 들었던 유익한 사례 한 가지가 소개되고 있다. 한번은 이창우 씨가 점심을 함께 하자는 호암의 요청을 받았다. 그날 점심을 준비한 사람은 호암이 일본에 갈 때마다 자주 방문했던 초밥집 주인이었다. 호암의 초청으로 관광차 서울에 들렀지만, 시간을 내서 호암과 지인들에게 점심을 대접하게 된 것이다. 여기서 호암은 식당업의 본질과 비본질을 구분해 이야기했다. 만약 이런 상황에서 "식당 경영의 본질은 무엇인가?"라는 질문을 받는다면 무엇이라고 대답할지 생각해 보라. 후식을 들면서 호암은 업의 본질에 대해 명쾌한 정의를 내렸다.

저 사람이 일본 명문 대학을 나왔는데 자기 할아버지 때부터 하던 식당을 잇기 위해 유명한 요정에서 접시부터 닦아 가며 훈련을 받았다는 겁니다. 그리고 나서는 자기 아버지와 함께 주방에서 칼질을 했다는군요. 우리나라 같으면 자기가 주인이랍시고 양복 입고 계산대 앞에나 있겠지만, 저 사람은 지금까지도 주방에서 직접 요리를 만들고 있어요. 우리나라에 와서도 새벽 4시에 일어나 어시장을 갔다고 하는데, 일본에서도 어시장에 가서 생선을 고르는 것은 주인이 꼭 해야 될 일이라는 겁니다. 식당을 경영하면서 가장 중요한 것은 좋은 재료를 골라서 손님에게 맛있는 음식을 제공하는 것이라는 생각을 갖고 있는 것이지요. 그런데 우리나라에서는 처음 얼마간은 주인이 주방에서 칼을 잡다가도 손님이 어느 정도 오기 시작하면 양복 입고 돈 계산이나 합니다. 그러면 곧 음식 맛이 떨어지게 되고 결국 손님이 떨어지게 되지요.

『다시 이병철에게 배워라』(이창우, 서울문화사, 2003, p.53).

'좋은 재료를 골라서 손님에게 맛있는 음식을 제공하는 것', 다시 말하면 '맛있는 음식을 만들어 내는 것'과 같이 비교적 업의 본질을 제대로 정의하기 쉬운 부분도 있지만, 업의 본질을 파악하는 게 쉽지 않은 경우도 있다. 때로는 기업을 둘러싼 대내외적 환경이 바뀌면서 업의 본질을 새롭게 정의해야 하는 상황도 자주 발생한다. 이때 사장이 업의 본질을 어떻게 파악하느냐에 따라 기업의 운명이 결정되기도 한다.

아산 정주영 회장과의 만남을 회고하는 사람들은 사업가로서 그의 특징으로 사물이나 현상을 복잡하게 바라보지 않는 점을 든다. 정주영 회장에 대한 책을 집필한 박정웅 씨는 정 회장의 사고를 간단명료하게 '사물의 본질을 단순화시키는 능력'이라고 부르기도 한다. 업의 본질을 제대로 파악하길 원하는 사람이라면 대다수 사람이 사물이나 현상을 바라보는 습관, 즉 복잡하고 어렵게 보는 것을 간단명료하게 간파할 수 있느냐가 아주 중요하다. 그리고 세상의 상식과 고정관념을 뛰어넘어 자신만의 독특한 시각을 갖는 창조적 발상을 할 수 있느냐 하는 것도 중요하다.

예를 들어 건설업을 하던 현대그룹이 조선업에 뛰어들게 되는 전후 상황을 보면 보통 사람에게는 좀처럼 이해되지 않는 부분이 있다. 건설업과 조선업은 표면적으로 조금도 관련이 없는 사업이기 때문이다. 흔히 말하는 문어발식 확장의 대표적인 사례로 들 수 있다. 그러나 조선업은 보기 좋게 성공을 거두었고, 오늘날 현대중공업이나 미포조선소 등으로 약진에 약진을 거듭하고 있다. 이를 어떻게 해석해야 하는가?

정주영 회장은 조선업의 본질을 간단명료하게 정리했다. 조선업의 본질을 건설업과 조금도 다를 바가 없다고 보았다. 당시를 회상하던 정주영 회장은 조선업을 하겠다는 자신의 결심에 대해 "백이면 백 모두가 약속이나 한 것처럼 반대를 합창했다. 한 사람도 내 편이 없었다"라고 회고한다. 그럴 법도 한 것이 당시의 우리 실력은 대양을 항해하는 선박을 만들 수 있는 실력과는 거리가 멀었기 때문이다.

업의 본질과 관련해 정 회장이 얼마나 조선업의 본질을 명료하게 파악하고 있었는가는 "조선이라고 공장 짓는 것과 다를 바가 뭐 있나? 철판 잘라 용접하고 엔진 올려놓고 하는 일인데, 이는 우리 모두가 건설 현장에서 하던 일이고 하는 일이 아닌가 하는 식의 건설업자적 발상으로 내 생각은 다른 사람들과 달랐다"라고 한 대목에서도 알 수 있다. 조선업에 대한 업의 본질을 독창적으로 정의할 수 있었기 때문에 그는 현대를 대그룹으로 키울 수 있었다. 1977년 11월 23일 인간개발연구원에서 주최한 경영자 조찬회에서 정 회장은 '중공업의 진수'라는 제목으로 조선업에 진출할 당시를 다음과 같이 이야기했다.

제가 조선소를 짓겠다고 하자 회사 내에서도 "우리가 무슨 경험이 있다고 조선소를 만드느냐"고 얘기하는 사람이 많이 있었습니다. 그러나 제 생각은 달랐습니다. 조선업이라는 것이 철판으로 큰 덩치의 탱크를 만들어 바다 위에 띄우고 동력에 의한 추진력으로 달리는 것밖에 더 있느냐고 생각한 것입니다. 비록 우리가 조선업에 대한 경험은 없지만 발전소나 정유공장 등을 많이 해 보아서 어떤 형태든 철판에 대한 설계나 용접은 자신이 있고 내연기관을 장착시키는 일도 아무것도 아니라는 생각이었습니다. 배를 큰 탱크로 보고 그 탱크 속에 엔진을 붙이면 된다고 생각한 것입니다. 정유공장을 세울 때처럼 큰 탱크를 도면대로 구부려 가지고 용접을 하면 되고 그 속의 기계도 우리가 건물 지을 때 냉온방 장치 다 따로 넣듯이 선박의 기계 도면대로 설치해서 끼우면 된다는 발상으로 조선업을 시작한 것입니다.

아마 내가 조선업자였다면 이런 발상을 하지 못했을 것입니다. 건설업자니까 그렇게 아주 쉽게 생각해 냈던 것입니다. 그리고 우리는 그동안 산업 플랜트를 하면서 많은 기술을 습득했고 기계, 강전, 약전 등 어떤 계통이든지 각급 기술자가 다 있기 때문에 선박이 아무리 어렵다 하더라도 다 해낼 수 있다고 생각했습니다. 조금 덩치가 크다고 해서 제조라는 말 대신 건조(shipbuilding)라고 하는 것이지 사실 만드는 모든 과정은 건축과 비슷한 것입니다.

『정주영 : 아산 정주영 연설문집』(정주영, 삼성출판사, 1986, pp.67-68).

상식의 틀을 뛰어넘어 자신만의 독특한 시각으로 바라볼 때만 업의 본질을 제대로 파악할 수 있다. 그렇지 않으면 그냥 다른 사람들이 보는 평면적인 부분에만 시선이 쏠리게 되고, 그 결과 업의 본질을 제대로 파악하지 못하는 실수를 저지르게 된다. 그래서 엉뚱한 의사결정과 행동으로 이어질 가능성이 높다.

그리고 메리어트 그룹이 사업을 확장하는 과정에서 업의 본질에 대한 정의가 어떤 영향을 미쳤는지 살펴볼 필요가 있다. 핫숍이라는 식당에서 출발한 사업은 식당을 방문한 손님이 커피와 음식을 '포장 주문' 하는 것에 착안해 기내식 공급 사업으로 확장하게 되었다. 30여 년간 식당과 기내식 조달 사업, 식음료 서비스 경영의 끝에 탄생한 것이 1957년 1월 '전 세계에서 가장 큰 호텔'이란 기치를 내건 메리어트 호텔이다. 상장회사는 아무래도 주주의 이익에 민감할 수밖에 없다. 메리어트 호텔의 창업자는 대규모의 부채를 지고 신규 프로젝트를 만들어 내는 데 부정적이었지만, 1970년대 월스트리트는 복합기업에 큰 비중을 두고 있었다. 그렇다 보니 자본을 투입한 사람을 위해 복합기업으로 사업을 계속 확장해 나가면서 규모를 키워 가라는 요구가 기업 경영자에게 무언의 압력으로 작용했다.

고심 끝에 메리어트 호텔의 경영자들은 투자자의 요구를 수용하고 새로운 성장 기틀을 마련하기 위해 1971년 월드 여행사를 기초로 여행업에 뛰어들었고, 1972년에는 유람선 사업에도 뛰어들었다. 비슷한 시기에 메리어트 호텔은 놀이공원 사업과 가정 경비 시스템에도 진출했다. 물론 이처럼 다른 영역에 과감하게 진출할 수 있었던 것은 초기에 사업 다각화를 통해 큰 성과를 거둔 자신감이 큰 역할을 했음은 의심의 여지가 없다. 그러나 불행히도 메리어트 호텔의 경영자들은 후기의 사업 다각화에서는 거의 성과를 거두지 못하고 참담한 실패를 맛보았다. 여러 이유가 있겠지만 너무 생소한 분야에 뛰어들었다는 점이 실패의 주요 요인이었다.

그들이 깨친 사실은 아주 새로운 분야에서 큰 성과를 거두기는 정말 힘들다는 점이었다. 비용을 지불한 이후 그들이 확고히 한 원칙은 자신들이 가진 핵심 역량 위에서 사업 영역을 확장해 나가야 한다는 것이었다. 이 실패로 인해 그들은 "우리는 누구인가?"라는 질문의 답을 찾게 되었다. 그들이 가진 핵심 경쟁력은 식음 사업과 숙박 사업에서 축적된 '시스템적 노하우'였다.

그들은 핵심 경쟁력을 찾아내는 과정에서 자신들에게 수십 년간 경쟁력을 갖도록 도와 주었던 식음 사업과 숙박 사업의 본질에 대해 고민했을 것이다. 그리고 그들은 메리어트가 오랫동안 해 왔던 업의 본질은 '표면에 드러난 식음 사업이나 숙박 사업이 아니라 이들을 움직이는 시스템'임을 알아차렸을 것이다. 그러니까 메리어트가 행하는 사업의 본질은 '시스템 사업'이었다. 그들은 메리어트의 경쟁력이 다른 경쟁자들과 차별화할 수 있는 시스템적 노하우라는 사실을 깨달았다. 이후 사업 확장에서 뼈아픈 실수를 치유하고 저가, 중가 그리고 고가 호텔 사업의 확장으로 방향을 선회하게 된 것은 다른 분야를 향한 사업 확장에서 충분히 큰 비용을 지불하고 난 다음의 일이었다.

한편 IBM의 부활 이면에는 업의 본질에 대한 올바른 정의가 굳건히 자리 잡고 있다. 1993년 루이스 거스너(Louis V. Gerstner)가 IBM이란 거대 회사의 지휘봉을 잡았을 때 IBM의 지배적인 분위기는 회사 분할이었다. 고도로 분산된 정보기술시대에 적합한 조직으로 거듭나기 위해 IBM이 다루고 있는 각각의 상품 분야에서 신제품과 신기술로 무장한 신생 기업들과 각축을 벌일 수밖에 없었을 것이고, 이런 상황에 적합한 조직 구조는 분할이라는 시각이 지배적이었다. 사실 전임자 존 아커스 회장 밑에서 분할 안건은 급물살을 타고 추진 중에 있었다. 각 사업장도 궁극적인 분사에 대비해 고유한 이름이 이미 주어졌다. 저장 사업체는 애드스타, 고속 프린터 사업은 페넌트, 저가 프린터와 프린터 부품 사업체는 렉스마크 인터내셔널로 이미 분할에 대비하고 있었다.

월스트리트와 언론, IBM의 난관을 즐기듯이 바라보던 업계의 시각도 거의 일치하고 있었다. 투자은행 역시 여기에 한몫을 거들었다. 또한 전임자인 존 아커스 회장에게 계속해서 회사 분할을 촉구하기까지 했다. 여기에 매년 수십억 달러의 적자가 쌓여 가는 상황에서 경영진은 무엇인가 획기적인 조치를 취해야 했다. 이런 상황에서 대부분의 실수가 발생하듯이 그는 떠밀려 중론을 따를 수밖에 없는 처지로 내몰렸다.

이런 난국을 타개하기 위해 이사회는 새로운 인물을 물색하게 되었다. 그러나 업계에 정통한 전문가만이 IBM의 회생을 가능하게 할 것이라는 기대에 찬물을 끼얹는 사건이 발생했다. 맥킨지 컨설턴트로 시작해서 아메리칸익스프레스 사장을 거쳐 RJR 나비스코 CEO로 있던 의외의 인물인 거스너를 선택한 것이다. 만약 업계의 전문가를 선택했다면 어떤 일이 벌어졌을까? 아마도 당시 대부분의 사람이 따르고 있던 믿음, 즉 회사 분할을 통한 IBM 회생책이 시행되었을 것이다. 그리고 그 결과는 IBM의 몰락 내지 상황 악화로 연결되었으리라는 짐작을 해 볼 수 있다.

업계의 상식에 젖어 있지 않았던 거스너는 완전히 새로운 시각, 즉 어제까지 고객사의 CEO로서 IBM의 제품뿐 아니라 다른 IT 회사의 제품을 구매한 사람의 입장에서 접근한 것이다. 이런 과정에서 내부 임직원들의 예상과 전혀 다른 방안이 제시된다. 고객의 입장에서 보면 여러 공급자한테서 제품을 각각 구입해 이를 하나의 시스템으로 엮는 작업은 너무 힘들고 큰 위험이 따른다. 그러나 IBM은 이 일을 가장 잘할 수 있는 경험과 노하우, 실력을 갖추고 있다.

1993년 4월, IBM 회장에 임명된 지 두 달이 지나고 나서 거스너는 "모든 조각을 하나로 통합하여 효과적인 솔루션을 제공하는 것이 가장 중요하다. 나는 그 일을 누군가가 해야 할 거라고 확신했다"라고 말한다. 『소프트웨어』와의 인터뷰에서 그는 IBM을 하나로 유지하려는 이유를 이렇게 설명했다.

> 내가 1993년 봄에 부임했을 때 회사는 중대한 결단을 눈앞에
> 둔 시점이었다. IBM을 작은 사업체가 모여 있는 그룹으로 만들어
> 컴퓨터 시장에서 소규모전을 치르게 하느냐, 단일 기업으로 유지
> 시켜 깊이 있고 광범위한 제품 및 서비스, 기술을 경쟁력으로 삼느
> 냐를 결정해야 했던 것이다. 솔직히 소비자의 신분에서 IBM 회장
> 으로 탈바꿈한 나로서는 단순히 첨단 테크놀로지를 개발하기만 하
> 는 게 아니라 총체적인 역할을 하는 기업, 소비자들에게 컴퓨터 문
> 제에 대하여 총체적인 해결책을 제시할 수 있는 기업이 있어야 한
> 다는 생각이 아주 강했다.
>
> 『루 거스너의 IBM 살리기』(로버트 슬레이터, 물푸레, 1999, p.126).

업의 본질이라는 면에서 IBM은 단품을 판매하는 회사에서 솔루
션을 제공하는 기업으로 탈바꿈하게 된다. 모두가 반대했지만 거스
너는 업의 본질에 대한 새로운 해석을 바탕으로 분할 안을 버리고
솔루션 제공 쪽으로 IBM의 방향을 재설정한다. 이런 결단이 IBM의
회생에 결정적인 기여를 했음은 물론이다. 결국 IBM은 최고경영자
가 자신의 업을 어떻게 정의하는가에 따라 기업의 승패가 크게 갈리
게 된 대표적인 사례 가운데 하나가 되었다.
　거스너는 자신의 경험을 통해 어떤 기업이라도 핵심 역량에서 벗
어날 때는 대가를 톡톡히 지불해야 한다는 점을 지적한다. 자신이 이

끌었던 나비스코는 1985년 담배회사를 인수했지만 14년 후 다시 분리 매각하게 되는데, 결국 담배회사를 인수한 게 장기적으로 식품회사의 성장에 부정적인 영향을 미쳤던 것이다. 그는 "대부분의 경우 한 기업의 경쟁력은 그 기반 사업에 있다. 기존 사업의 방향을 재조정하고 거기에 다시 활력을 불어넣는 것은 아주 어려운 일이다. 하지만 장담하건대 그 기업을 울타리 너머로 집어던져 전혀 새로운 환경 속에서 성공시키는 것보다는 훨씬 쉬운 일이다"라고 강조한다.

나는 그가 정의한 기존 사업의 방향 재조정 과정에서 업의 본질에 대한 정의가 중요한 역할을 담당한다고 본다. 이제까지 사업의 성공 포인트나 본질에 대한 이야기를 풀어놓은 이유는 이런 개념이 곧바로 개인의 미래 준비나 성공에 시사하는 바가 크기 때문이다. 기업에 적용되는 이런 개념을 곧바로 개인에게 적용해도 큰 무리가 없다고 판단하는 것이다.

03 직업군에 따라 인재의 성공 조건이 다르다

과거를 되돌아보지 않으면 현재를 제대로 파악할 수가 없다. 이따금 사람들은 현재만 주목한다. 그러나 현재의 성과 가운데 상당 부분은 과거부터 지속적으로 이루어진 투자와 노력의 산물이다. 마찬가지로 미래의 어느 날에 거두게 될 성과는 과거부터 현재까지 이루어진 투자나 노력에다 지금 이 순간 어떤 의사결정을 내리고, 어떻게 돈과 시간과 에너지를 투입하는가에 크게 좌우된다.

이 책의 주제는 '미래 인재의 조건'이다. 자기 자신을 미래의 탁월한 인재로 만들기 위해 현재 무엇을 해야 하는가가 이 책의 주제다. 그렇다면 미래의 인재에게 요구되는 자질, 능력, 기술, 기능, 특성 등에 어떤 것이 있는지를 알아보아야 한다. 앞에서 언급했듯 사업의 성공 포인트, 본질 등의 개념을 개인에게 응용하여 적용할 수 있다. 개개인을 사업과 비슷하게 간주하는 데 조금도 문제가 없기 때문이다. 한 개인이 추구하는 부, 명성이란 결과물은 개개인이 다른 사람에게 제공할 수 있는 가치에 따라 달라진다. 그렇다면 그런 가치를 만들어 내는 원천이 무엇이냐는 질문에 대한 답을 구함으로써 미래 인재의 조건이 무엇인지 정리해 볼 수 있다. 다음과 같은 간단한 함수관계를 머릿속에 그려 보자.

$$Y=F(X), Y=\text{미래의 인재}, X=\text{미래 인재의 성공 조건(미래 인재가 갖추어야 할 결정적 조건)}$$

여기서 우리는 두 가지의 해결 과제를 떠안게 된다. 하나는 '미래 인재의 성공 조건'을 하나하나 찾아가는 작업이다. 다른 하나는 미래 인재의 조건으로 정해진 각각의 조건을 최고 수준으로 만들어 내려면 무엇을 어떻게 해야 하느냐는 행동에 대한 해답을 얻는 일이라고 할 수 있다.

$$X=G(Z), X=\text{미래 인재의 성공 조건},$$
$$Z=\text{미래 인재의 성공 조건을 가능하게 하는 실천 방법}$$

이 책에서 두 가지 과제를 모두 다루지는 않겠다. 뒷부분, 즉 미래 인재의 성공 조건을 가능하게 하는 실천 방법은 각각의 조건마다 방대한 페이지를 차지하게 될 것이다. 그러므로 이 책에서 이 부분을 세세하게 다룰 수는 없다. 이 책의 주요 관심은 미래 인재의 성공 조건이 무엇이냐는 질문의 해답을 찾는 일이다. 어떤 조건이 필요한가에 대한 답을 정리해 보는 것이 우선시되는 중요한 문제다. 그리고 실천 방법에 대해서는 최소한의 설명, 즉 대표적인 방법을 소개하는 데 그치려고 한다.

이 책을 읽으면서 스스로 생각을 정리해 볼 기회를 가질 수 있을 것이다. 앞으로 5년에서 10년 후에 직업인으로서 탁월한 성과를 낳는 인물로 자리 잡고 싶다면, 과연 무엇을 갖추어야 하느냐는 질문을 던져야 한다. 열심히 살아온 사람들이라면 이런 조건 가운데 상당 부분을 이미 갖고 있을 것이다. 그러나 대다수 사람은 이제부터라도 노력해서 만들어 내야 한다. 사람에 따라 상황은 다르겠지만, 공통점은 이런 질문에 대한 답을 정리한다면 지금부터라도 투자해야 할 대상이 무엇인지 확실히 알 수 있다는 것이다. 마치 화살을 쏘는 궁수처럼 우선 과녁을 명확하게 바라보는 작업이 이 책의 주요 목적이다.

내가 이 책을 쓴 이유 중 하나는 대다수 사람이 이런 문제를 깊이 생각할 수 있는 시간적 여유나 계기가 없다는 점이다. 따라서 자신의 독특한 판단에 따라 깔끔하게 정리된 해답을 갖기가 어렵다. 그러나 지금 이런 상황에 처했다고 해도 크게 실망할 필요는 없다. 이것이 무척 어려운 주제이기 때문이다. 미래를 내다봐야 하고 나름의 전망을 토대로 충분한 상상력을 발휘할 수 있어야 한다. 이 두 가지 작업을 조합할 수 있을 때만이 제대로 된 '미래 인재의 조건'을 파악할 수 있다. 다만 확실한 것은 미래 인재의 조건에 대해 나름대로 확실한 판단을 갖고 있지 않다면 노력이 분산되고 시간을 낭비하기 쉽다는 점이다. 게다가 스스로 계발해야 할 대상이 명확하지 않아서 노력 역시 지속적인 추진력을 갖기 어렵다는 단점을 갖고 있다. 미래 인재의 조건을 두고 '미래의 성공을 위한 핵심 조건(Key Factors for Future Success)' '미래의 성공을 위한 결정적 조건들(Critical Factors for Future Success)' 이라고 이름 붙일 수 있다. 두 가지 용어 모두 '미래 인재의 성공 조건' 이라는 이름으로 통일할 수 있다. 성공 조건은 실제로 갖추고 있거나 갖추기 위해 노력해야 할 특정 능력(abilities) 이라고 말할 수 있다.

우리는 이 책을 통해 대표적인 미래 전문가인 찰스 핸디, 로버트 라이시, 다니엘 핑크, 톰 피터스 등의 의견을 들을 수 있다. 그런데 이들은 우리가 원하는 구체적인 답을 주기보다 부분적인 답을 주고 있다.

참고로 나의 이메일 회원을 대상으로 실시한 실태 조사 결과에서 다음 세 가지 질문에 대한 답을 참조할 필요가 있다. 2007년 11월 18~23일 답변에 응한 총 회원 수는 2,187명이었다.

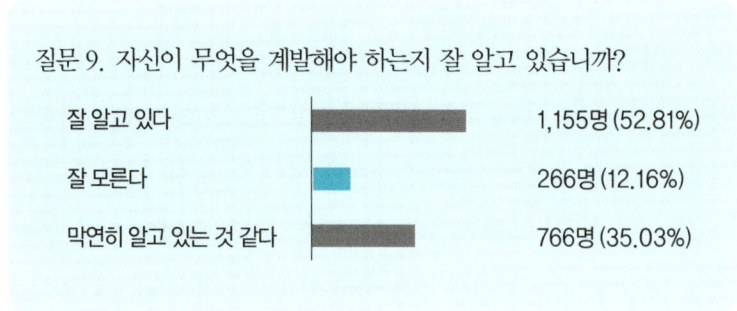

질문 9. 자신이 무엇을 계발해야 하는지 잘 알고 있습니까?

잘 알고 있다	1,155명 (52.81%)
잘 모른다	266명 (12.16%)
막연히 알고 있는 것 같다	766명 (35.03%)

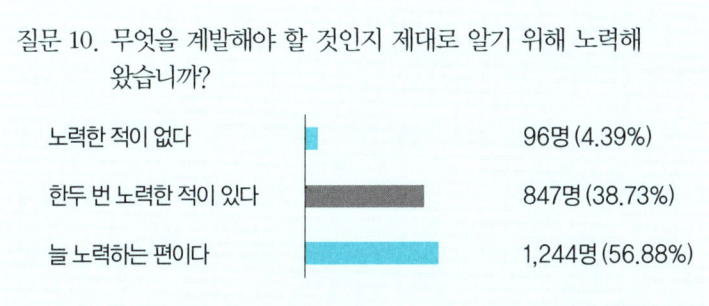

질문 10. 무엇을 계발해야 할 것인지 제대로 알기 위해 노력해
        왔습니까?

노력한 적이 없다	96명 (4.39%)
한두 번 노력한 적이 있다	847명 (38.73%)
늘 노력하는 편이다	1,244명 (56.88%)

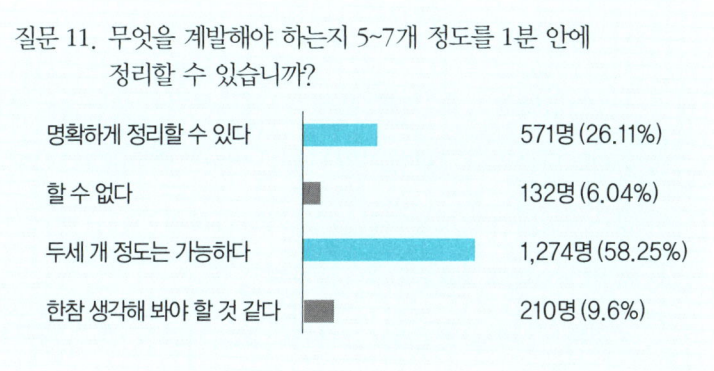

질문 11. 무엇을 계발해야 하는지 5~7개 정도를 1분 안에
        정리할 수 있습니까?

명확하게 정리할 수 있다	571명 (26.11%)
할 수 없다	132명 (6.04%)
두세 개 정도는 가능하다	1,274명 (58.25%)
한참 생각해 봐야 할 것 같다	210명 (9.6%)

한편 표본에서 133명(60.95%)을 차지하는 직장인들에게 세 가지 질문을 던졌을 때도 위의 결과와 큰 차이가 없었다. 막상 구체적으로 자신이 계발해야 할 대상을 물었을 때, 대부분의 사람은 두세 개 정도를 정리할 수 있는 수준에 머물러 있다. 자신이 계발하기를 원하는 능력을 분명히 알고 있는 사람은 26.11퍼센트에 불과했다.

이 책을 집필하기 시작하면서 출판사와 함께 독자의 의견을 구한 적이 있다. 각자의 분야에서 '자신이 제대로 된 미래 인재가 되려면 어떤 조건이 필수적인가' 하는 질문을 했다. 답을 제대로 정리한 사람에게 일정한 보상을 하는 행사로, 많은 사람이 참여했지만 시간이 충분하지 않았기 때문인지, 아니면 스스로 깊이 있게 분석할 수 있는 여력이 부족했는지 답은 예상한 수준에 미치지 못했다. 그러나 보통 독자가 어떤 생각을 하고 있는지 소개할 필요가 있을 것 같다.

참가자들에게 주어진 질문은 다음과 같다. "당신이 10년 후를 대비해 갖추어야 할 자질과 능력이 무엇이라고 생각하십니까? 그 이유와 함께 나이와 직업도 적어 주세요."

- 리더십이라고 생각한다. 혼자 자신의 능력을 키우는 것도 중요하지만 다른 사람과 함께 가면 더 많은 인재도 발굴하고 그들에게 많은 아이디어를 얻을 수 있으므로 풍요롭게 성공할 수 있다고 생각한다(39세, 여, 사무직 · 세무 서류 작성).

- 지혜 있는 포용력이라고 생각한다. 왜냐하면 보이는 것만이 자질과 능력은 아니기 때문이다. 그리고 세상이 참 많이 밝고 넓어졌다. 많은 지식을 가진 똑똑한 사람도 많아졌다. 비슷비슷한 능력 속에서 살아남기 위해서는 자질과 함께 다른 사람을 얼마만큼 포용할 줄 아느냐에 따라 그 사회를 오래도록 품을 수 있고 자신의 자질을 더 빛낼 수 있을 것이다(47세, 여, 독서지도사).

- 표현력(프레젠테이션)이라고 생각한다. 갈수록 자신의 뜻과 의지를 표현하는 역량이 중요시되는 시대가 되어 가고 있다. 물건을 팔때도 마케팅이 중요한 것처럼 사람도 표현력이 있어야 한다(38세, 남, 광고대행사 제작국장).

- 변화에 적응할 수 있는 능력이라고 생각한다. 10년 후면 세상은 지금보다 더 기계화되어 있을 것이다. 말 그대로 디지털 세상이 된다. 이제는 공과금도 자동화기기로 납부하는데, 가끔 은행에 가면 직원의 도움을 받아 이용하시는 어른을 보게 된다. 10년 후를 대비하려면 세상의 변화에 적응할 수 있는 능력을 찾아 학습해야 한다고 생각한다. 그렇다고 자신의 내면까지 기계적이 되어서는 안 될 것이다. 그럴수록 사람의 마음은 따뜻함을 잃어서는 안 된다고 생각한다(30세, 여, 서비스직·매표원).

- 시간 관리 능력이다. 나에게 지금 가장 부족한 것도 작심삼일로 끝나는 계획이기 때문이다(40세, 남, 자동차 영업).

「설문 이벤트! 10년 후를 대비하는 당신은?」
(21세기북스, 2007. 9. 3, www.book21.com).

20대, 7인이 생각하는 '미래 인재 되는 조건'

다음 내용은 필자의 싸이월드(www.cyworld.com/bhgong)에서 "10년 후를 대비해 갖추어야 할 자질과 능력이 무엇이라고 생각하십니까?"라는 질문에 비교적 성실히 대답한 일곱 명의 젊은이가 자기 자신의 미래 준비에 대해 말한 내용을 그대로 옮겨 적은 것이다. 20대 젊은이들이 미래를 위해 무엇을 준비해야 하는지를 엿볼 수 있을 것이다.

　과거 10년 전과 비교했을 때 지금의 10년은 예측하지 못할 정도로 많은 변화를 겪어 왔다. 딱딱한 문자보다 부드러운 영상이 더 친숙해진 오늘날은 분석적인 논리보다 직관적인 감각을 요구하고, 남성성보다 여성의 감성을 갖춘 인재를 요구하고, 욕망이 커져 부에 대한 관심도 부쩍 높아졌다. 그러나 고유가시대로 실업률이 취업률에 비해 현저히 증가한 오늘날, 책임감과 열정 그리고 노력만으로는 부족한 시대가 한 발 성큼 다가왔다. 그리 가깝지 않은 것처럼 보이지만 그렇다고 아주 멀지도 않은 10년 후를 위해 나는 과연 무엇을 준비해야 할까?

　'미래는 예측되는 것이 아니고 창조되는 것이다' 라는 글을 읽은 적이 있다. 흘러가는 단어에 불과했던 '창조' 는 더 이상 단어로 끝나지 않고 머릿속에 맴돌기 시작했고, 무에서 유를 창조한다는 말을 흔히 사용했음에도 불구하고 나에게 어렵게 다가왔던 것 같다. 나는 다음의 다섯 가지를 준비하길 원한다.

　첫째, 유연한 사고방식이다. 빠르게 변화하는 환경에서 어디서나 잘 융화할 수 있는 유연한 생각과 더불어 변화에 민감하게 대처할 수 있는 능력을 가져야 한다고 생각한다.

　둘째, 차별화다. 블루오션이라는 단어를 쉽게 자주 말하고 있다. 똑같은 사물도 다른 시각으로 보는 훈련을 계속 하다 보면 보다 쉽게 블루오션에 다가갈 수 있고, 나아가서 더 나은 효과적 방법을 모색하게 될 것이다.

셋째, 협동심이다. 1+1=2라는 딱딱한 공식에서 벗어나 더 나은 부가가치를 창출해야 한다고 생각한다. 조직력 못지않게 배려도 필요하고 약속이나 희생 같은 인격적 소양까지 함께 가졌으며, 자신의 능력을 한껏 발휘한다는 의미에서의 워크아웃(work-out)도 더 활성화되어야 한다고 생각한다.

넷째, 시간 관리다. 세상은 불공평하다고 말하면서 시간만큼은 공평하게 주어진다고 말하지만, 어떻게 보내느냐에 따라 그 효율성은 달라진다고 생각한다. 철저한 계획 아래 시간을 보다 효율적으로 사용하여 예술 활동과 봉사 활동으로 마음의 여유까지 함께 누릴 수 있어야 한다고 생각한다.

다섯째, 당당한 자신감이다. 외모지상주의가 비난을 받고 있음에도 불구하고 많은 사람이 유혹을 참으면서 몸매를 가꾸며 '된장녀' '된장남' 이라는 소리를 듣더라도 명품을 선호하고 있다. 단순한 소유의 목적이 아니라 당당한 자신감까지 값비싸게 지불하고 있다. 그만큼 자신감은 중요하게 자리 잡고 있다. 자신감은 자신을 더욱 소중히 여기고 사랑할 수 있는 원동력이다.

● 이은초롱(25세, 대학생) 씨가 생각하는 미래 인재의 조건

나는 다음의 여섯 가지 조건이야말로 미래를 위해 반드시 준비해야 할 것이라고 생각한다.

첫째, 발표력이다. 25세 대학생으로, 10년 후면 아마도 대학원을 마치고 박사 후 과정을 밟고 있지 않을까 싶다. 그때가 되면 학회와

세미나도 많이 다닐 것이고, 대학에서 강의도 할 수 있을 것이다. 어찌 되었든 간에 여러 사람 앞에서 연구 결과를 발표하는 경우가 자주 있을 것이다. 그때뿐 아니라 우선 당장 11월에 학사 논문 발표가 있다. 요즘에는 직장이나 학교 어디서나 발표(프레젠테이션)를 많이 한다. 발음, 성량, 제스처, 청중과의 눈빛 교환 등 좋은 발표를 하기 위해서는 갖추어야 할 것이 많다고 생각되는데, 특히 발표력을 키워야 한다.

둘째, 독서 습관이다. 어릴 때부터 독서 습관을 길렀으면 좋았겠지만, 지금이라도 늦지 않았다. 누구든 '지금' 부터 독서 습관을 길러야 한다. 나도 책을 많이 읽기 위해 노력한다. 아는 만큼 보인다고 세상의 모든 것을 직접 경험할 수 없으니 책을 통해 경험해야 한다. 그리고 폭넓은 분야의 책을 접함으로써 전문가 수준은 아니더라도 어느 정도의 교양을 갖춘다면 10년, 20년, 30년 후에 폭넓은 사람, 좋은 사람을 만날 확률이 높아질 것이라고 생각한다.

셋째, 인간관계다. 가만히 집에 앉아 있어서는 사람을 사귈 수 없다. 사람을 사귀더라도 그 관계를 유지하고 발전시키는 것이 어렵다. 하지만 사람이 재산인 것은 분명하다. 좋은 인간관계를 갖기 위해선 말과 행동 또한 그에 맞게 해야 한다. 사회나 기업이나 인간관계가 좋은 사람을 원하기 때문이다.

넷째, 용기다. 용기가 없는 사람은 두려워한다. 적성에 맞지 않는 학과에 진학해 괴로워하며 졸업장만을 위해 학교를 다니는 학생이 있다. 그런 학생은 그동안의 시간과 노력이 아까워 그만두지도 못한다. 이는 용기가 없어서 그런 것이며, 그 학생은 두려움 때문에 자신의 인생을 활짝 피우지 못할 것이다. 길이 아니면 가지 말고, 길이 아니면 단호히 그 길을 벗어날 수 있는 용기가 필요하다. 새로운 것과 변화가 두려워도 용기는 두려움을 이긴다.

다섯째, 긍정의 힘이다. "안 된다, 안 된다" 하면 될 일도 안 된다. 그리고 얼굴을 항상 찌푸리고 있으면 그 사람 인생 역시 항상 찌푸리게 되는 일만 생긴다. 이처럼 인생에서도 '긍정의 힘'은 대단한 작용을 한다. "된다, 된다"라고 말하며 믿으면 열심히 하게 되고, 그렇게 되면 결국은 이루어진다.

여섯째, 능동적인 사람이다. 요즘 아이들은 소위 '티처보이 (teacher-boy)'라고 해서 스스로 공부할 줄을 모른다고 한다. 이는 수동적인 사람이 되어 그렇다. 능동적인 사람은 스스로 환경과 자신을 이끌어 간다. 예를 들어 큰 병에 걸린 두 사람 중에 능동적인 사람은 자신의 병이 어떤 것이고, 어떤 치료를 받고 있으며, 치료 약제는 무엇이고, 그것의 효능과 부작용은 무엇인지 등을 다 알고 병에 맞서 치료를 받는다. 그러나 수동적인 사람은 그저 병원에서 해 주는 대로, 의사가 해 주는 대로 끌려가면서 치료를 받는다. 대학에서도 축제 때 열심히 쫓아다니지도 않으면서 가만히 앉아 재미없다고 하는 학생이 종종 있다. 그러지 않고 여기저기 행사를 쫓아다녔어도 재미가 없었을까? 직장에서도 시키는 일만 하는 사람과 시키지 않아도 알아서 하는 사람 사이에는 큰 차이가 있다.

● 경길수(24세, 대학생) 씨가 생각하는 미래 인재의 조건

박사님의 강의 내용이 생각난다.

첫째, 창의력과 독특함, 즉 자신만의 색깔에 대해 말씀하셨다. 하루가 멀다 하고 빠르게 바뀌고 있는 게 현실이다. 지금도 독특함이 인정받고 있는 세상인데 10년 후에는 어떨까? 더하면 더했지 못하지는 않을 것이다. 즉 자신만의 강점이 있어야 한다는 말이다. 자신의 강점을 만들어 내기 위해 자기 관리가 절실하다.

둘째, 자신의 전공 분야에서 최고가 될 수 있어야 한다. 지금과 같은 현실에서는 자신의 분야에서 최고에 이른 사람이 되어야 더 많은 사람이 귀를 기울인다는 사실 때문이다. 꼭 그렇다는 것은 아니지만 자신의 전공 분야에서 최고가 되는 사람은 자기계발에 그만큼 충실했다고 말할 수 있다.

셋째, 영어만은 유산으로 물려주자는 것이다. 즉 영어를 할 줄 아는 사람이 되어야 한다는 말이다. 정치 · 사회 면에서는 국경이란 커다란 담이 존재하지만 경제 부분에서만은 이 담이 허물어지고 전 세계가 단일화되어 가고 있다. 인정하고 싶진 않지만 우리 한글이 세계 공통어가 아닌 이상 현 세계의 공통어인 영어를 할 수 있어야 한다. 게다가 영어의 상급 영어인 고급 영어를 할 줄 알아야 한다고 생각한다. 10년 후 미래는 그야말로 지구촌이 단일화되는 세계가 될 것이다. 멋진 세상이다. 그러나 자기계발을 게을리하는 사람은 도태되고 말 것이다. 모든 것이 변화하기 때문이다. 고인 물은 썩게 마련이다.

넷째, 끈기, 반복, 집요함, 참을성이다. 앞의 세 단어는 공 선생님의 '10년 법칙'에 나와 있는 것이다. 나중에 나도 결과를 얻기 위해 수십 번, 수백 번 또는 그 이상의 실험을 해야 하는 경우가 생길지도 모른다. 일에서도 인생에서도 그만두고 싶을 때가 있을 것이다. 그러나 이 네 단어만 갖추고 있다면 포기란 없을 것이다. 어쩌면 참을성이 앞의 세 단어에 포함되어 있을지도 모르겠다. 참을 '인(忍)'이 세 개면 살인도 면한다고 하는데, 못 이룰 것이 뭐가 있겠는가! 요즘 젊은 세대는 참을성 부족이 문제가 되어 직장도 자주 옮기고, 이혼도 빠르게 결정한다. 대학 강의 시간에도 탐구하는 것이 아니라 답이 똑똑 떨어지게 가르쳐 주길 원한다.

다섯째, 자신을 사랑하는 마음, 자신을 존중하는 마음이다. 그러나 무엇보다 중요한 것은 자신을 사랑하는 마음이다. 자신의 몸과 마음을 사랑하고 아낄 줄 아는 사람이어야 10년 후를 위해 노력할 수 있다. 자신을 사랑하는 사람은 다른 것도 사랑할 줄 안다. 또한 자신을 사랑하는 마음은 자신감과도 연결되어 있다고 생각한다. 자신감 있는 사람은 그 행동과 말, 얼굴에서부터 당당함을 엿볼 수 있다.

● 박정혁(26세, 취업 준비) 씨가 생각하는 미래 인재의 조건

첫째, 확고한 목표다. 가장 중요한 것은 목표라고 정의하고 싶다. 이와 더불어 자신이 어디쯤 와 있는지 냉철하고 객관적인 평가가 있어야 한다. 요즘 20대가 많이 하는 말 중에 '성공'이라는 단어가 남발되고 있지 않나 싶다.

공병호 박사님이나 높은 인지도를 가진 사람들을 무분별하게 벤치마킹하는 것처럼 위험한 일도 없다고 생각한다. 여러 유명 인사를 보면 젊은 날을 땀과 노력으로 보낸 반면에 대다수의 젊은 사람은 그런 점을 보지 못하는 것 같아 안타깝다.

지금의 박사님이 있기까지 얼마나 고되고 힘겨운 노력이 있었을지, 막연히 "성공하자"라는 말만 일삼는 젊은 사람들에게 그런 점을 부각시킬 수 있다면 좋으련만 사람들은 자신들이 보고 싶어 하는 것만 보는 법이기에 음지에 있는 일들은 떠올리고 싶어 하지 않는 것 같다. 현실도피야말로 정말 무서운 것일 텐데 말이다. 무분별한 벤치마킹에 앞서 자신의 강점과 개성을 살리면서 현실을 직시한 자신의 목표를 향한 최단 거리를 모색하는 것이야말로 인생 설계를 위한 급선무가 아닐까 생각한다.

둘째, 인내심이다. 뚜렷한 목표를 선택했다면 목표를 향한 머나먼 여정을 떠나기에 앞서 인내심이 필요하다. 중간에 숨어 있는 좌절을 극복할 수 있는 용기, 이따금씩 채찍질을 해 줄 수 있는 그런 방법들 말이다. 물론 책이 동기부여를 해 줄 수도 있겠지만 우리가 사랑하는 가족이나 연인을 생각하는 것 또한 좋은 방법이다.

여기서부터 자기 자신과의 싸움이 시작된다. 자조, 자립, 자존으로 중무장한 신흥 세력들과 무한 경쟁 체제에 돌입하게 되는 것이다. 살아남기 위한 법을 이론상으로 찾아내려 하지 말고 일단 행동으로 한 걸음 내딛음으로써 조금 더 목표에 근접해야 한다. 그 와중에 실패, 좌절 따위가 찾아오겠지만 이게 다 우리 인생의 디딤돌 역할을 해 줄 것이라는 믿음을 갖고 슬럼프에 빠지더라도 금방 툴툴 털고 일어날 수 있는 사람이 되어야 한다.

셋째, 안목이다. 자, 이제 우리는 목표를 이뤘다. 자신이 원하던 대학에 들어갔든 기업에 들어갔든 간에 말이다. 이때부터가 진정한 시작이다. 인생은 먼 길이다. 여기서부터 10년 후를 내다볼 수 있는 안목이 필요하다. 정보의 홍수 속에 살고 있는 21세기에 자신에게 필요한 정보를 엄선하여 섭취함과 동시에 시시각각 변하는 사회에 대한 대비가 필요하다.

넷째, 글로벌한 시각이다. 우린 언제 어디서 무슨 일이 생길지 알 수 없지만, 최소한 우리나라가 어떻게 돌아가는지는 알아야 하고 더 나아가 글로벌적인 시각을 지녀야 한다. 세계의 변화와 흐름을 전혀 알지 못하는 무지 속에서는 자신의 발전에 분명 한계가 있는 법이다. 끊임없이 자신을 갈고 닦는 것, 창조와 개성을 살린 자신만의 장점을 꾸준히 살리는 길이야말로 남들과 차별화된 블루오션을 창출할 수 있는 전략이라고 생각한다.

다섯째, 멋진 배우자다. 끝으로 자신이 진정 사랑하고 아껴 줄 수 있는 연인을 배우자로 맞이함으로써 삶이 완벽한 조화를 이루는 것이 아닐까 생각한다.

● 진정용(28세) 씨가 생각하는 미래 인재의 조건

첫째, 자기 경영을 위한 선택과 집중이다. 선택과 집중을 위해서는 먼저 자신이 무엇을 원하고, 어떤 인재 유형인지 파악하는 작업이 선행되어야 한다.

둘째, 강점 강화다. 나만의 강점을 객관화시켜야 한다. 이처럼 나만의 강점을 체계화하면서 집중적으로 자신을 극대화하고 10년 법칙을 세우면서 자기계발을 해야 한다.

셋째, 독서 능력이다. 자기계발을 위한 가장 좋은 출발은 바로 폭넓은 독서 능력이라고 생각한다. 미래학자 앨빈 토플러가 한국에 왔을 때 한국의 청소년에게 자신을 '독서 기계'라고 소개했다. 그리고 "미래에 대해 상상하기 위해서는 독서가 가장 중요하다"라고 하면서 미래를 지배하는 힘은 읽고, 생각하고, 커뮤니케이션하는 능력이라고 말했다. 시대를 아는 만큼 보인다. 다양한 독서를 통하여 시대의 흐름을 읽고 분석하는 능력이 중요하다.

넷째, 소통의 기술이다. 21세기는 소통의 시대다. 인간과 인간을 이어주는 소통의 기술이 있어야 한다.

● **조은혜(24세, 대학생) 씨가 생각하는 미래 인재의 조건**

첫째, 통찰력이다. 시대의 조류를 감지할 수 있는 통찰력이 필요하다. 어떤 것이 주목받는 사업이 될 것인지 예측할 수 있는 안목은 높은 통찰력이 있어야 가능한 것이기 때문이다.

둘째, 외국어 구사 능력이다. 10년 후 글로벌 시대에 대비하여 외국어 구사 능력은 필수적으로 갖추어야 한다고 생각한다.

셋째, 학습 능력이다. 미래 산업에 대한 학습과 대비가 있어야 한다. 우주나 환경 산업 등에 이해를 한 사람이 기회를 잡을 수 있다.

● 김태관(25세, 대학생 · 산업경제학) 씨가 생각하는 미래 인재의 조건

10년 후를 대비해 갖추어야 할 조건은 바로 창의력, 즉 독특성이다. 지금도 창의성이 굉장히 중요하게 받아들여지고 있지만, 10년 후가 되면 더 중요해질 것이라고 예상한다. 나만의 전문 분야에서, 다시 그 안에서 자신만의 독특함이 있어야 한다. 나만의 개성과 색깔을 지닌, 다른 사람들이 넘볼 수 없는 독특함이 있어야 성공할 수 있다.

지금까지 여러 가지 사례를 살펴봤는데, 이제는 스스로 펜을 들고 '미래 인재의 성공 조건'을 정리할 시간이 되었다. 다른 사람들의 이야기를 수동적으로 듣기보다는 직접 펜을 들고 적어 보기를 권한다. 우선 5년, 그리고 10년 후에 자신이 직업인으로서 성공하기를 원한다면 갖추어야 할 필수적인 능력에 어떤 것이 있다고 생각하는가? 가장 중요한 세 가지를 우선 적어 보라. 그 다음에 추가적으로 두 가지를 답하라. 그리고 여력이 된다면 두 가지를 더 답해 보라.

● 내가 생각하는 미래 인재의 조건

1) _____ 2) _____ 3) _____

4) _____ 5) _____

6) _____ 7) _____

다섯 가지 대표 직종에서 갖춰야 할 미래 인재의 조건

현재 하고 있는 일의 성격과 앞으로 만들어 가고자 하는 경력에 따라 미래 인재의 조건은 크게 달라진다. 대표적인 직업, 즉 세일즈맨, 엔지니어, 사무직, 자영업, 지식 프리에이전트 등의 일을 하는 사람을 가정했다. 이들에게 어떤 조건이 필요한지를 살펴보도록 하자. 직종별로 필요한 미래 인재의 조건에 대한 사례로 참고할 수 있을 것이다.

물론 특정 직종에서 요구되는 평균적인 의미의 능력이라는 사실에 주의할 필요가 있다. 특정 직업을 세분화한다면 특수한 사정이나 환경 때문에 다른 능력이 추가될 수 있다는 사실을 잊지 마라.

● 세일즈맨-재무 컨설팅 능력을 비롯 7가지 조건을 갖춰라

다양한 세일즈맨 가운데 보험설계사로 활동하고 있다고 가정해 보자. 보험 세일즈맨으로서 미래에 탁월한 인재가 되기를 원한다면 어떤 능력을 갖추어야 할까? 우선 보험업의 미래를 머릿속에 그려 봐야 한다. 저가 상품의 경우 온라인과 전화, 은행 창구 판매와 같은 판매 채널이 대세를 이루게 될 것이다. 그러나 구조가 복잡한 고가 상품의 경우 여전히 보험설계사에 대한 의존도가 높을 것이다. 그렇다면 보험설계사란 업 자체는 고객에게 보험을 포함해 재무 설계 전반에 대한 컨설팅에 가깝도록 바뀌게 될 것이다. 물론 보험설계사가 갖추어야 할 능력도 현재와 비교해 달라질 수밖에 없다.

가장 필수적인 세 가지 조건을 들면 상품을 판매하는 능력과 보험

상품을 구입하는 고객을 관리하고 확대하는 능력, 그리고 날로 고도화되는 금융 관련 지식을 배우는 학습 능력을 들 수 있다. 세 가지 조건 중에서 앞의 두 가지는 현재 보험설계사로서 탁월한 성과를 거두는 사람들이라면 갖추어야 할 성공 조건이다. 다만 세 번째 능력은 현재 그다지 큰 비중을 차지하지 않는 능력이다.

나머지 네 가지를 들면 스스로에게 성취동기를 부여하는 능력, 좌절을 극복하는 능력, 새로운 시장을 계속 개척해 나갈 용기와 자신감, 마지막으로 인맥의 폭을 확대해 나가는 대인관계 능력 등을 추가할 수 있다.

● 엔지니어-문제 해결 능력을 비롯 7가지 조건을 갖춰라

연구실이나 산업 현장에서 엔지니어로 활동하고 있다면 어떻게 해야 하는가? 몇 가지 대안을 생각해 볼 수 있다. 먼저 현재 직장에서 계속 승진하여 관리자로 나가거나 연구직 경력을 발전시켜 나가는 방법이 있다. 그리고 전직해서 같은 분야의 다른 직장에서 근무할 수도 있고, 창업해서 자기 사업을 할 수도 있다. 어떤 선택을 하든지 간에 엔지니어가 반드시 갖추어야 할 것은 자신만의 독특한 문제 해결 능력이 있느냐는 점이다. 다시 말하면 자신의 분야에서 걸출할 정도로 전문가 반열에 올랐느냐는 점이 가장 중요한 부분 가운데 하나일 것이다.

이를 위해 추가적으로 필요한 것이 지속적으로 자신의 능력을 업그레이드해 나가는 데 필요한 학습 능력이다. 그 밖에 관리자나 연

구직의 길을 걸어갈 때도 직급이 올라갈수록 자신의 기량에만 전적으로 의존하지 않고 함께 일하는 사람들과 프로젝트를 성공적으로 끝마칠 수 있는 리더십이 필요하다.

그리고 나머지 네 가지 조건을 들면 우선 활동 무대가 현재 조직에 국한되지 않도록 외국어 구사 능력을 갖춰야 한다. 외국어를 자유롭게 구사한다면, 자신의 전문 능력을 펼칠 가능성은 한층 높아질 것이다. 다국적 기업에서 일할 기회도 생길 수 있고 보통 사람이 정년을 맞는 시점에 오히려 프리랜서로 활동 무대를 넓혀 갈 수 있다는 점에서 외국어 능력은 필수라고 말할 수 있다. 그 다음에 필요한 세 가지 조건을 들면 직급이 올라갈수록 단순히 주어진 문제를 잘 해결하는 데 그치지 않고 새로운 발상을 통해 기회를 포착하는 능력을 가져야 한다. 그리고 인맥의 범위를 확장하고 유지할 수 있는 대인관계 능력, 자신의 능력을 성과라는 결과물로 입증함으로써 사내뿐 아니라 사외까지 자신의 개인 브랜드를 알리는 능력이 필요하다고 본다.

● 사무직-자신의 전문 영역을 비롯 7가지 조건을 갖춰라

만약 스스로를 평범한 화이트칼라로 정의한다면 5년이나 10년 후에 유망한 미래 인재로 자리매김하기 위해 어떤 능력을 갖추어야 한다고 생각하는가? 반드시 '평범한' 이라는 형용사를 뗄 수 있어야 한다. 제너럴리스트적인 성격을 갖추고 있지만 동시에 자신만의 주된 특기를 만들어야 한다. 이는 포괄적인 의미에서 문제 해결 능력이라

고 할 수 있다. 그러나 구체적으로 어떤 문제 해결 능력이어야 하는지에 대해서는 스스로 대답할 수 있어야 한다. 재무 관련 문제 해결 능력인지, 마케팅 관련 문제 해결 능력인지, 교육 관련 문제 해결 능력인지 자신만의 주력 분야를 확고하게 정리할 수 있어야 한다. 문제 해결 능력에 속하는 구체적인 능력을 몇 가지로 세분화해서 이야기할 수 있어야 한다는 말이다.

재무 관련 문제 해결 능력을 갖추어야 한다고 판단했다면 단순히 능력뿐 아니라 자신의 능력을 객관적으로 입증할 수 있는 자격증이나 관련 학위 등의 취득도 필요할 것이다. 현재의 조직이나 전직을 통해 조직 생활을 계속 해 나간다면 자신의 분야를 확장해 가는 능력이 필요하다고 본다. 이른바 자신을 멀티플레이어(multi-player)로 만들어야 한다. 다양한 사업 포트폴리오를 갖추어야 하는 것처럼 재무 분야에서도 협소한 영역에 머물지 않고 수요가 있을 것으로 예상되는 능력, 예를 들어 자신을 매수 합병이나 상장 등에 이르기까지 전체를 꿰는 전문가로 만들어야 한다. 여기에 외국어 구사 능력까지 갖춘다면 자신의 활동 무대를 보다 넓힐 수 있을 것이다. 세 가지 능력 이외에 조직에서 더 높은 지위로 올라간다면 공동의 성과를 창출할 수 있는 리더십, 인간관계 능력, 프레젠테이션 능력, 건강 등이 반드시 포함되어야 한다.

● 자영업 – 서비스 경쟁력 등 7가지 조건을 갖춰라

지금 자기 사업을 하고 있는 사람이라면 어떤 능력을 준비해야 할까? 의사나 변호사, 세무사 등 전문직일 수도 있고 가게나 사업체 등 조직을 운영하는 사업가일 수도 있다. 중요한 것은 자신이 다루는 상품이나 서비스가 계속 경쟁력을 유지할 수 있느냐는 점이다. 즉 자신의 주력 상품이나 서비스를 계속 업그레이드시켜 나가는 능력이 필요하다. 전문직이든 사업가든 간에 자신의 상품을 계속해서 혁신해 나가는 능력이 있어야 경쟁력을 유지할 수 있다. 이를 위해서는 자신이 속한 업계와 직간접으로 연결된 분야의 상황을 정확하게 이해하는 능력, 여기다 이런 시장들이 앞으로 어떻게 바뀌어 나갈 것인지에 대해 나름대로 전망하는 능력을 갖춰야 한다.

세 가지 이외에도 계속 사업을 해 나가려면 상품이나 자기 자신을 다른 사람에게 널리 알릴 수 있어야 한다. 어떤 사람은 이를 두고 마케팅 능력이라고도 말한다. 특히 전문직의 경우 자신만의 독특한 브랜드를 만들어 낼 수 있다면 그만큼 인기와 주목을 받을 수 있다. 넓은 의미의 마케팅에 속하는 부분이다. 사업은 항상 변화해 나가기 때문에 변화를 적극적으로 수용해 가는 능력, 이를테면 열린 마음이나 늘 배우고 익히는 부지런함도 필요하다. 그 밖에 자기경영 능력과 미래에 다가올 수 있는 가능성의 영역을 예상하고 이를 적극적으로 준비할 수 있는 미래 준비 능력도 필요하다.

● 지식 프리에이전트-콘텐츠 창조 능력 등 7가지 조건을 갖춰라
  작가와 강연자로 활동하는 사람에게 위의 질문을 던진다면 어떤 대답을 할까? 이 경우는 나에게도 해당한다. 우선 콘텐츠 창조 능력

과 지속적인 학습 능력, 고객의 니즈와 욕구를 읽어 내는 능력 등을 우선적으로 갖춰야 한다. 다른 어떤 능력보다 직업인으로서의 성공은 고객에게 계속해서 가치를 제공할 수 있는 콘텐츠를 만들어 낼 수 있느냐는 점이 가장 중요한 부분이다. 책을 구입했다면 반드시 저자에게 요구하는 것이 있다. 그것은 아마도 새로운 콘텐츠가 제공하는 다양한 가치일 것이다. 그 가치는 정보, 지식, 격려, 위안, 용기 등 다양한 요소를 포함한다. 생산자로서 지식 프리에이전트는 고객의 이런 욕구나 니즈를 계속 만족시킬 수 있을 때만 직업인으로서의 생명을 유지할 수 있다. 물론 이를 위해 계속 학습하는 능력을 가져야 함은 물론이다. 그리고 아무리 좋은 콘텐츠를 만들어 낸다고 하더라도 고객이 원하지 않으면 소용없는 일이므로 고객이 원하는 것을 제대로 알아낼 수 있는 능력이 세 번째에 포함되어야 한다.

그 다음으로 필요한 능력에 대해서는 우선순위를 정하기가 어렵다. 우선 좋은 콘텐츠를 책이나 강연을 통해 표현해야 하기 때문에 글 쓰는 능력과 강연하는 능력을 갖춰야 한다. 마지막으로 스스로를 더 나은 상태로 바꾸어 갈 수 있는 자기 혁신 능력과 건강을 가져야 한다. 지식의 수명이 날로 짧아지기 때문에 늘 새로워질 수 있는 자기 혁신 능력이 필요하다. 그리고 자기 자신이 곧바로 공장이기 때문에 건강은 필수 조건에 반드시 들어간다.

"창조적 근로자가 되고
늘 자기 자신을 팔아라"

1946년 펜실베이니아에서 태어난 로버트 라이시는 다트머스 대학교를 수석 졸업한 후 옥스퍼드 대학교 석사, 예일 대학교 법대에서 법학 박사 학위를 받은 후 하버드 대학교의 케네디 행정대학원 교수와 클린턴 행정부의 노동부 장관을 지낸 인물이다. 이후 브랜다이스 대학교 교수를 거쳐 버클리 대학교의 골드만 공공정책대학원의 교수로 있으며 『슈퍼자본주의(Supercapitalism)』(2007), 『부유한 노예』(2001) 등의 저서를 펴냈다. 클린턴 정부 시절 장관직을 수행하던 중 "내 삶에서 일 외의 나머지 부분이 건포도처럼 말라비틀어져 버렸다"라는 생각이 들자 갑자기 장관직을 사임함으로써 많은 사람을 놀라게 했다.

그의 저서 가운데 가장 인상적인 책은 2001년 출간된 『부유한 노예』다. 이 책은 나온 지 오래되었지만, 미래 사회가 경험하게 될 변화의 본질과 인재의 미래 조건에 대해 통찰력 있는 전망과 교훈을 담고 있다.

그가 내다보는 미래는 일찍이 인류 역사상 어느 누구도 경험할 수 없을 정도의 기회가 주어지는 시대다. 그는 통신, 운송, 정보 처리 관련

신기술이 획기적으로 발전해 대폭적인 생산성 향상이 이루어지는 시대가 될 것임을 다음과 같이 전망했다.

> 현재 부상하고 있는 신경제는 전례가 없을 정도의 많은 기회, 소비자에게는 환상적인 조건, 뛰어난 상품, 다양한 투자 기회, 필요한 재능과 기술을 갖춘 사람들을 위한 많은 일자리 등을 우리에게 제공하고 있다. 인류 역사상 이렇게 많은 사람들에게 이렇게 많은 기회가 찾아온 적은 없었다.
>
> 『부유한 노예』(로버트 라이시, 김영사, 2001, p.14).

그러나 세상의 모든 일이 그렇듯 빛이 있으면 어둠이 있다. 그런 대규모의 생산성 향상과 선택할 수 있는 자유 확대로 인해 "우리의 삶은 더욱 필사적이 될 수밖에 없다"는 결론을 내리고 있다. 우리 중 대부분은 한편으론 소비자로서 선택의 기회를 누리지만, 나머지 절반은 현재 몸담고 있는 직업 세계에서 생산자로서의 삶을 살아가기 때문이다. 생산자는 어느 분야를 보더라도 더 힘든 싸움을 할 수밖에 없는 상황으로 내몰릴 뿐 아니라 격화된 경쟁은 불확실성과 불안정성을 증가시키는 쪽으로 진행되고 있다.

'준비된 자'와 '준비되지 않은 자' 사이의 격차는 교육 기회, 주거지역, 직장, 학교, 연봉, 건강, 서비스 등 모든 부분에서 더욱 벌어질 수밖에 없다. 이런 점에서 로버트 라이시는 우리 사회에서 논의되는 양극화가 단순히 소득의 격차만이 아니라 삶의 모든 부분에서 피할 수 없는 현상이자 더욱 심화될 현상으로 전망한다. 불가피한 일종의 세계적 트렌드가 바로 양극화이고, 이런 추세로부터 어떤 개인도 예외로 남을 수 없다. 그의 말을 빌면 "사회적 분화 현상의 심각성은 더 깊어져 간다"라고 정의할 수 있다. 따라서 그의 미래관은 이렇게 정리할 수 있다.

> 신경제가 주는 여러 혜택은 더 필사적인 삶, 불안감, 빈부 격차와 사회적 분화 현상의 심화라는 비용을 우리에게 부담시킨다는 것이다. 구매자가 더 좋은 조건으로 마음을 쉽게 바꿀 수 있으므로 우리 모두 구매자를 만족시키기 위해 더 열심히 일해야 한다. 앞으로는 수입 예측이 더 어려워질 전망인데, 햇볕이 들 때 건초를 만드는 것처럼 현재 보이는 모든 기회를 포착하기 위해 필사적일 수밖에 없다. 남보다 더 부자가 되느냐 아니면 상대적으로 더 가난해지느냐, 삶의 여건이 더 나은 지역에서 사느냐 아니면 그렇지 않느냐에 따른 이해관계가 점점 더 커지면서 우리는 승자의 대열에 속하고 자식들에게도 그 자리를 물려주려고 가능한 모든 것을 다하고 있다.
>
> 『부유한 노예』(로버트 라이시, 김영사, 2001, p.16).

문제는 어느 누구도 이런 추세를 되돌리기 힘들다는 사실이다. 어떤 사람은 세계화를 비난하기도 하고 어떤 사람은 음모론을 들먹거리기도 하지만, 이 같은 추세는 지구촌의 수많은 생산자와 소비자가 기술 변화에 적응해 가는 과정에서 나온 일련의 자연스러운 흐름이라고 할 수 있다. 자신의 의지에 따라 작은 물질적 보상이나 더딘 승진을 선택하고 천천히 살아가는 '슬로 라이프'를 선택할 수 있지만, 이는 결코 쉽지 않은 선택이다. 대다수 사람은 더 많은 물질적 보상이나 빠른 승진을 원하기 때문에 성공하기 위해 무엇을 해야 하느냐는 질문에 대한 답을 찾아보아야 한다. 여기서 자연스럽게 로버트 라이시의 미래 인재 조건이 등장하게 된다.

첫째, 기크(geeks)나 슈링크(shrinks) 능력이다

신경제에서 큰 성공을 거둔 사람은 컴퓨터나 신기술에 익숙한 사람이 아니라 오히려 특정 분야에서 고객을 위한 가치 창조 능력, 즉 어떤 프로젝트를 찾아내고 그 프로젝트에서 멋진 해결책을 찾아내는 능력을 갖춘 '창조적 근로자(creative worker)'다. 이들은 주어진 문제를 해결하는 능력 면에서 창의적일 뿐 아니라 시장과 고객에 대한 통찰과 안목을 가짐으로써 무엇을 해야 할 것인지에 대한 창의적 아이디어를 가졌다. 로버트 라이시는 주어진 문제에 대한 해답을 구하기 위해 컴퓨터와 정보 관련 기술을 제대로 활용하는 인물을 '지식 근로자(knowledge work-er)'라고 부르는데, 창조력으로 진정한 가치를 더할 수 있는 인물은 '창조적 근로자'라고 부른다. 물론 그의 결론은 더 이상 지식 근로자만으로는 높은 가치를 만들기 어렵다는 것이다. 실제로 그것은 명백한 사실이다.

창조적 근로자의 전형적인 사례로 두 가지 유형을 들 수 있다. 하나
는 기크이고, 다른 하나는 슈링크다. 그렇다면 기크와 슈링크의 정의를
알아보자.

기크는 예술가, 발명가, 디자이너, 엔지니어, 금융전문가, 과학
자, 작가, 음악가와 같은 성격의 소유자로서 특정 분야에서 새로운 가
능성을 볼 수 있는 능력이 있고, 그러한 가능성을 찾고 계발하는 데에
서 희열을 느끼는 사람들이다. 그 사람들은 자신이 일하고 있는 분야
의 영역을 최대한 확장하고 그 한계를 시험하며, 그 안에서 새로운 문
제를 발견해 해결하는 데서 즐거움을 찾는 사람들이다. 만약 기크가
어떤 소프트웨어에 대해 "죽이는데(cool)!"라고 최고의 찬사를 보낸
다면, 그는 미적인 판단을 내리고 있는 것이다. 독창적이고 아름답기
때문에 죽인다고 말하는 것이다. 기존의 경계를 뛰어넘었고 놀라운
방식으로 문제를 해결했다는 것과 같은 말이다.

반면에 슈링크는 예술가나 발명가, 즉 기크만큼 창조력이 있지만 약
간 다른 창조력을 갖고 있는 사람이다. 한 분야에서 새로운 무언가를
찾아내고 기존의 경계선을 뛰어넘기보다는 사람들이 무엇을 원하는
지, 잠재의식 속에 어떤 욕망을 가지고 있는지 알아내는 데 그 독창성
을 발휘한다. 당사자조차도 미처 알지 못하는 욕망, 아직 존재하지
도 않는 상품에 대한 욕망을 알아내는 사람이다. 그들은 기크처럼 자
신의 일에 몰두하지만 어느 한 분야에서 무엇을 할 수 있느냐가 아닌,

사람들이 원하는 것을 발견하는 데 몰두해 있다.

결론적으로 기크는 기술, 과학, 시각 예술, 문학, 기호 체계와 같은 분야 나름의 규칙 및 상황에 끊임없이 매력을 느낀다. 반면에 슈링크는 사람들이 원하고 두려워하는 것, 갈망하고 필요로 하는 것, 아직 검증이 안 된 여러 가설 등에 끊임없는 매력을 느낀다. 슈링크가 다른 사람과의 교류 쪽이라면, 기크는 스스로 행하는 분석 쪽이다. 기크가 한 분야에서 새로운 가능성을 알고 있다면, 슈링크는 사람들이 원하고 필요로 하는 것이 무엇인지 알고 있다.

『부유한 노예』(로버트 라이시, 김영사, 2001, p.76-85).

이상적인 미래 인재의 조건은 기크적 특성과 슈링크적 특성을 함께 가진 사람이다. 위대한 기업가는 새로운 시장에 대한 통찰력과 안목, 아이디어 면에서 기크적 특성을 갖고 있는데, 그것이 황당함으로 끝나지 않고 실제 가치 창조로 연결되기 위해선 슈링크적 특성과 결합되어야 한다. 사람들이 진정으로 원하는 것과 접목되지 않으면 황당한 아이디어로 끝나 버리기 때문이다. 위대한 기업가들이 가진 특성은 그들에게만 한정된 것이 아니다. 우리는 어느 분야에서 일하든지 성공을 거둔 기업가와 비슷한 능력을 요구하는 시대를 살고 있다. 사람마다 타고난 재능이 다르지만, 기크적 특성과 슈링크적 특성의 차이를 정확하게 이해하고 어떻게 계발해 나가느냐 하는 것이 미래 인재의 핵심 조건이다.

나는 기크와 슈링크를 조금 다른 관점으로 이해한다. 자신이 갖고 있는 능력이 누구나 쉽게 배울 수 있는 것이라면 치열한 가격 경쟁에서 자유로울 수 없다. 반면에 자신이 준비한 능력이 말과 글로 충분히 소통될 수 있는 이상의 특별함이나 신비함을 갖고 있고, 다른 사람이 쉽게 공유할 수 없는 것이라면 고객에게 높은 가격을 요구할 수 있다. 그래서 좋은 대학이나 대학원을 나오는 것은 기본이고 이에 더해 자신만의 특별함을 얼마나 덧붙일 수 있느냐가 미래 인재의 조건 가운데 중요한 부분을 차지한다.

둘째, 인맥 관리 능력이다

인맥은 과거에도 물론 중요했지만, 갈수록 그 중요성이 커지고 있다. 현재 많은 인재가 시장에서 자신의 자리를 찾기 위해 동분서주하고 있는데, 누가 적합한 인재인가를 변별하는 것은 무척 어려운 일이다. 시장에서 이미 충분히 검증받은 인물의 추천이나 조언은 성공의 사다리를 타고 올라가는 데 결정적인 기여를 할 수 있다. 이것이 불필요한 정보를 걸러 주는 훌륭한 필터 역할을 하기 때문이다.

로버트 라이시는 "자기 자신을 팔려고 하는 사람이나 그 서비스를 고용하려는 미래의 구매자 모두에게 인맥의 중요성은 과거보다 훨씬 증대되고 있다"라고 말했다. 지금 자신을 다른 사람들에게 적극적으로 추천할 만한 사람을 몇 명이나 알고 있는지 생각해 보라. 명문 대학의 장점은 좋은 캠퍼스에서 훌륭한 교육을 받을 수 있는 것 못지않게 평생을 지닐 수 있는 인맥의 가치를 들 수 있다. 로버트 라이시는 "아이비리그 대학의 교육이 뛰어난 점이 있다면, 웅장한 도서관이나 그 학교 교수들의 능력보다는 대학에서 얻게 되는 인맥일 것이다"라고 말한다.

최근 미국의 학부모들도 자녀의 SAT(미국 대학입학시험) 성적을 올리기 위해 과외에 열을 올리고 있다. 또한 교육 컨설턴트에게 일 년에 컨설팅 비용 4~5만 달러를 들이고 있는데, 이는 자녀를 명문 대학에 넣기 위해서다. 우리 사회에서 학벌 지상주의를 비판하고 있지만, 명문 대학을 나오는 것은 평생 프리미엄을 갖고 살아갈 가능성을 높여 준다.

셋째, 개인 브랜드다

인맥은 하나의 출발점으로, 자신이 속한 분야에서 '나'의 존재를 널리 알려야 한다. 이를 두고 로버트 라이시는 간단명료하게 "이름을 알리자"라고 상징적으로 말한다. 직업의 유동성이 높아질수록 사내뿐 아니라 사외에도 적극적으로 자신의 성과와 능력, 평판 등을 알려야 한다. 로버트 라이시는 "이제 각 개인은 자신이 속한 조직뿐 아니라 자신의 분야에서 이름을 알리면서 앞길을 헤쳐 나가고 있다"라는 말로 현재와 미래의 인재들이 당면하게 될 현실을 지적하고 있다. 평소 자신의 브랜드를 구축해 둔다면 언젠가는 그 브랜드가 큰 경제적 보상과 명성을 가져다줄 것이다.

넷째, 마케팅과 세일즈 능력이다.

로버트 라이시는 "과거만 해도 어떤 사람에 대한 최악의 말은 자신을 팔았다는 것이었다. 그러나 이제는 자신을 팔지 못한다는 것이 최악의 말이다"라는 말로 세일즈의 중요성을 역설한다. 자신뿐 아니라 자신의 상품이나 서비스가 지닌 가치를 널리 알릴 수 있는 능력과 그것을 제대로 판매할 수 있는 능력은 시장에서 성공할 수 있는 결정적 조건이다. 이는 마케팅이나 세일즈 분야에서 일하는 사람에게만 해당되는 이야기가 아니다. 우리의 능력을 알아주고, 기꺼이 비용을 지불하며 사용하겠다는 의사 표현을 하도록 만들어야 한다. 어떤 분야에서 무슨 일을 하고 있든 간에 마케팅과 세일즈 능력은 중요하다.

다섯째, 자기계발 능력이다.

모든 것이 잘 되어 나가는 것처럼 보여도 언제든 상황이 변할 수 있는 시대가 미래다. 시장 상황뿐 아니라 기술 발전과 잠재적 경쟁자의 출현, 고객의 수요와 기호 변화 등 어느 것 하나 만만한 게 없다. 현재 번뜩이는 아이디어도 빠른 시간 안에 경쟁자가 모방할 수 있다. 그러므로 스스로를 계속 성장시키고 발전시켜 나갈 수 있는 능력을 가져야 한다. 이를 두고 로버트 라이시는 "점점 더 자신을 돌보지 않으면 안 되는 시대가 되고 있다"라고 말한다. 계속 배우고 익히면서 자신을 업그레이드하지 않는다면 작은 보상에 만족하며 살아야 한다. 그리고 능력을 높이는 데 있어 학창 시절의 부모나 선생님의 역할을 해 줄 수 있는 사람을 찾기 힘들기 때문에 '자기주도적(self-motivated)'인 사람이 되어야 한다. 스스로 그런 추진력을 계속 만들어 낼 수 있어야 한다는 말이다.

미래 인재를 만드는
열 가지 핵심 능력

앞으로 우리 앞에 열릴 미래는 특정 문제에 대해 정확한 해법을 제시할 수 있는 스페셜리스트의 수요가 늘어날 것이다. 다른 분야의 지식이 충분하지 않더라도 특정 분야에 대한 구체적 지식이나 기술을 갖는 것만으로 미래 인재의 조건은 기본적으로 충족된다. 문제 해결 능력, 창의력 발상 능력, 기회 포착 능력, 학습 능력, 동기 부여 능력 등 미래 인재를 만드는 열 가지 핵심 능력을 키워 가는 일에 힘을 쏟아야 한다.

3

01 자신만의 독특한
문제 해결 능력을 갖춰라

　조직에 몸담고 있든, 아니면 조직을 떠나 자신만의 길을 개척하고 있든 간에 필수적으로 '문제 해결 능력'을 갖춰야 한다. 직업 세계에서 다양한 문제에 대한 해결책을 제시할 수 있는 능력은 미래 인재의 성공 조건 가운데서도 으뜸에 속한다. 문제 해결 능력과 관련해 과거와 현재, 미래를 대비하면 뚜렷한 하나의 추세를 파악할 수 있다. 그것은 제너럴리스트가 설 수 있는 자리가 점점 줄어들고 있다는 사실이다. 제너럴리스트의 입지가 좁아지는 데 지식과 정보의 대중화 현상도 큰 영향을 미치고 있다. 접하는 지식과 정보의 양이 증가하면서 일반 대중은 점점 유식해지고 있다. 게다가 인터넷의 활성화로 어디서든 정보를 구할 수 있다. 따라서 누구나 소유할 수 있는 일반적인 지식을 가진 사람들이 설 수 있는 자리가 좁아질 수밖에 없다.

예를 들어 의학 분야만 보더라도 환자들이 고민하는 문제를 정확하게 해결해 줄 수 있는 의사에 대한 수요가 크게 늘어날 전망이다. 기존의 외과, 내과, 피부과 등의 분류 체계를 넘어 특정 진료과 중에서도 어떤 분야에 정통한 전문가의 수요가 늘어날 거라는 말이다. 그래서 어중간한 위치에 서 있는 사람은 고객들로부터 외면당할 가능성이 높다. 자격증은 일반적인 해법을 제공할 수 있는 자격을 나타내는 것이지 특별한 문제 해결 능력을 의미하는 것이 아니기 때문이다.

특정 문제에 대해 정확한 해법을 제시할 수 있는 스페셜리스트에 대한 수요가 늘어날 전망이다. 물론 스페셜리스트가 자신의 분야뿐 아니라 다른 분야에 대한 기본 지식도 갖고 있으면 더할 나위 없이 좋겠지만, 다른 분야의 지식이 충분하지 않더라도 특정 분야에 대한 구체적 지식이나 기술을 갖는 것만으로 미래 인재의 조건은 기본적으로 충족된다고 할 수 있다.

나는 이를 '솔루션 프로바이더(solution provider)'라고 이름 붙이고 싶다. 고객의 애로 사항과 필요 사항, 욕구 등에 구체적인 해법을 제시할 수 있을 때만이 미래 인재로 성공하는 길을 달려갈 수 있다. 그러므로 자신의 경력을 관리해 가는 사람들은 항상 "나는 고객에게 어떤 해법을 제시할 수 있는가?" "이를 위해 나는 지금 어떤 투자를 해야 하는가?" 등과 같은 질문을 하고 해결책을 제시할 수 있는 인재로 거듭나기 위해 노력해야 한다.

문제 해결 능력은 이제까지 축적된 지식만으로 얻을 수 있는 것이 아니다. 대학이나 대학원에서 기존 이론을 배우는 과정은 궁극적으로 자신만의 독특한 문제 해결책을 만들어 내기 위한 투자 과정이라고 보면 된다. 기존 이론을 바탕으로 현장 경험을 통해 자신만의 독특함을 만들어 낼 수 있어야 한다. 나는 문제 해결 능력이란 기존 이론에다 경험을 더하고 여기에 자신만의 독특한 스타일을 더함으로써 만들어지는 구체적이고 개인적이며 특별하고 실용적인 지식이라고 생각한다.

이런 능력을 소유한 사람들은 인재 전쟁의 대상이 될 수 있고, 높은 몸값을 부르면서 이곳저곳으로 옮겨 다닐 수 있다. 그리고 이런 과정에서 자신의 브랜드를 만들어 낼 수 있다면 조직을 떠나 프리에이전트로서 이모작, 삼모작 인생을 살아갈 수도 있다. 한마디로 대다수의 사람이 갖기를 원하는 자유, 부, 명성, 행복을 모두 소유할 가능성이 높아진다. 그러므로 미래 인재를 준비하는 사람들은 자신이 속한 분야에서 독특한 문제 해결 능력을 가진 인물로 자신을 만들어 내기 위해 고심해야 한다.

나의 일 가운데 중요한 부분을 차지하는 강연을 살펴보자. 강연 시장에도 제너럴리스트와 스페셜리스트가 존재한다. 청중을 고객으로 가정한다면 그들이 "그냥 좋은 이야기구나"라고 얘기하는 정도의 콘텐츠를 제공하는 데 그친다면 이는 문제 해결 능력을 가졌다고 말할 수 없다. 그런 능력을 가진 사람은 강연 시장에서 얼마든지 찾을 수 있다. 그리고 기존에 이미 나와 있는 이론이나 지식 혹은 정보를 정리해 전달하는 강사라면, 문제 해결 능력이란 면에서 제대로 준비하지 못한 인재라고 말할 수 있다. 시장에는 그런 능력을 가진 사람이 넘쳐 나기 때문이다.

고객이 궁금해하는 문제와 알고 싶어 하는 문제, 고민하는 문제에 대해 자신만의 독특함으로 구체적 지식이나 기술, 방법을 제공할 수 있는 능력을 가진 강사는 흔하지 않지만 분명히 있다. 이들은 문제 해결 능력, 즉 해법을 소유한 인재라고 부를 수 있다. 이들은 자신만의 독특함을 만들어 내는 데 성공한 사람으로 시장에서 비슷한 사람을 찾아내기가 힘들다. 그러므로 희소성을 가졌다는 장점에다 구체적인 해결책을 제공함으로써 고객의 문제 해결에 직접적인 도움을 줄 수 있다. 그렇다 보니 당연히 인기를 끌 수밖에 없는데, 미래에는 더 큰 인기를 끌 것으로 보인다.

세일즈 분야에 종사하고 있는 사람이라면, 다양한 분야에서 얻은 경험만으로는 충분하지 않다. 고용자는 구체적인 문제 해결 능력을 가진, 실제로 큰 성과를 거둘 수 있는 사람을 원할 것이다. 누구든지 처음 세일즈를 시작하면 주변에서 뛰어난 실적을 가진 세일즈맨의 방법을 모방하는 식으로 배우게 된다. 이때 적극적인 사람이라면 다른 사람의 경험을 배우는 것만으로 만족하지 않고 세일즈에 관련된 책을 볼 것이다. 그러면서 자신의 세일즈 방법을 체계화하고 허점을 찾아내어 더 나은 방법을 찾아낼 것이다. 그래도 부족함을 느낀다면 대학원 등에 진학해 인맥도 늘리면서 체계적인 학습을 하거나, 온라인 강좌 등을 통해 고객에게 물건을 팔거나 그들의 마음을 읽는 방법 등을 배우게 된다. 그러나 최종적인 성공 여부는 자신만의 독특한 문제 해결 능력을 만들 수 있느냐에 좌우된다. 현장을 뛰면서 공부하는 사람은 많지만, 자신만의 독특한 문제 해결 능력을 만들어 내는 사람은 찾아보기 어렵다.

현재 금융 분야에서 일하고 있다면 단순히 유가증권을 트레이드하는 능력을 가진 사람은 문제 해결 능력이라는 면에서 가장 낮은 수준에 속한다. 그런 능력을 가진 사람은 시장에 얼마든지 있고 누구나 마음만 먹으면 쉽게 배울 수 있다. 그러나 기업을 사고팔거나 특정 프로젝트에 필요한 파이낸싱(financing) 기법을 통해 수요자와 공급자를 연결해 주는 등의 금융 기법 면에서 뛰어난 사람이라면 다른 사람이 쉽게 따라 할 수 없는 일종의 노하우를 가졌을 것이다. 노하우 성격의 문제 해결 능력을 가진 사람의 미래는 더 밝을 수밖에 없다.

미래를 이끌어 가는 인재가 되고 싶다면, 무슨 일을 하든지 간에 고객 수요가 있는 분야에서 자신만의 독특한 문제 해결 능력을 만들어 낼 수 있어야 한다. 그것은 한 개인이 행할 수 있는 최대의 투자 결정이다. 일종의 사업 아이템에 비유해도 무리가 없을 것이다. 자신의 경험을 기초로 미래에는 어떤 문제 해결 능력에 대한 수요가 클 것인가를 예측하고 나서 이를 계발하기 위한 계획을 세워 문제 해결 능력 계발 프로젝트를 추진해야 한다. 지금부터 이야기하는 다른 능력을 갖지 못했어도 문제 해결 능력만 제대로 갖춘다면, 직업인으로서 삶을 개척해 나가는 데 큰 문제는 없을 것이다. 그만큼 문제 해결 능력은 대단히 중요하다. 그리고 이런 능력만 제대로 갖췄다면 조직을 떠나 홀로서기도 가능하고, 날로 길어지는 노후에 은퇴 없는 삶을 스스로 만들어 가는 일도 가능할 것이다.

그렇다면 어떻게 문제 해결 능력을 키울 수 있을까? 누구에게나 통할 수 있는 정답은 없다. 다만 자신이 갖추어야 할 문제 해결 능력을 대충이 아니라 구체적인 아이템으로 분명히 정해야 한다. 구체적으로 아이템을 정할 때는 미래에 자신이 어떤 모습으로 살고 싶은지, 환경이 어떻게 변할지를 충분히 고려해야 한다. 그런 의미에서 우리 모두는 미래를 향해 투자하는 기업가다. 그리고 나서는 이들 각각을 하나의 시스템으로 이해하고 이를 체계화시켜 독특한 자신만의 시스템을 갖춰야 한다. 다른 사람과 뚜렷하게 차별화하되 쉽게 모방할 수 없으며, 세월이 가면서 더욱 빛을 발하는 시스템을 만들어 낸다면 빛나는 미래를 개척할 수 있다.

02 사고의 습관을 바꿔 창의적 발상 능력을 가꿔라

　창의적 발상 능력이 중요하지 않은 시대는 없었다. 과거와 현재, 미래에도 부가가치의 원천은 발상의 전환에서 비롯된 새로운 가치 창조에서 나온다. 그러나 일반 생산자라면 누구든지 원하는 물건을 저렴하게 만들어 낼 수 있는 시대가 미래다. 글로벌 아웃소싱(global outsourcing, 특정 지역에 국한되지 않고 전 세계를 상대로 최적의 상품이나 소재, 부품 등을 구입하거나 조달하는 행위)과 오프쇼링(off-shoring, 글로벌 아웃소싱이 주로 유형재를 대상으로 한다면 오프쇼링은 기업이 수행하는 업무 가운데 서비스 기능, 즉 백오피스 업무나 지원 업무, 예를 들어 콜센터, 연구 개발, 디자인 업무 등을 해외로부터 조달하거나 구매하는 행위)이 보편적인 현상으로 자리 잡게 되면서 고객에게 차별화된 '그 무엇'을 제공하지 않으면 제대로 된 가격을 받고 팔 수 없는 그런 시대가 왔다. 자신이 만드는 상품이나 서비스에 차별화를 더할 수 있는 요소가 있다면 무엇인가? 그것은 다름 아닌 신선한 아이디어나 개념, 기획하는 능력이다. 누구도 생각하지 못했던 아이디어를 만들어 낼 수 있는 능력, 즉 창의적 발상 능력을 말한다.

우리는 해리 포터가 한 시대의 아이콘으로 부상하는, 열풍을 불러일으키는 현상을 목격했다. 그것은 거대한 자본과 생산 설비가 아니라 단 한 사람의 머릿속에서 나온 아이디어와 스토리의 조합에서 비롯된 것이었다. 지금 프로페셔널의 길을 걷고 있다면 자신의 상품이나 서비스를 판매·기획하고, 디자인하고, 생산하고, 홍보하는 데 있어 기발한 발상을 적용해야 한다. 고객에게 감동 그 이상을 전해 줄 수 있는지 묻고 진지하게 그에 대한 답을 찾아야 한다.

기회는 누구나 기대할 수 있고 예상할 수 있는 영역에서 만들어지지 않는다. 눈에 보이지 않는 영역, 누구도 예상할 수 없던 곳에서 갑자기 출현한다. 그러므로 눈에 보이지 않는 영역에 주목하고 기존 사고의 틀을 벗어난 생각을 할 수 있는 사람만이 성공의 기회를 잡을 수 있다. 좋은 학교를 졸업하고 틀에 박힌 길을 걸어가는 사람은 인정하고 싶지 않겠지만 기존의 틀을 벗어나기가 힘들다. 그래서 기회 포착 면에서 한계를 갖는 경우가 종종 있다. 오히려 창의적 발상은 주류보다 비주류에서 나오는 경우가 많다. 새로운 시각과 관점으로 사물을 바라보고 이해하고 접근할 수 있느냐 하는 것이 새로운 아이디어를 만드는 데 결정적 역할을 할 때가 많다. 그러므로 학창시절에 모범생이었다면 직업 세계는 또 다른 영역의 개척이 필요하다는 것을 겸허하게 인정하고, 창의적 발상 능력을 키우려고 노력해야 한다.

창의적 발상 능력은 학교를 떠나 현장을 뛰면서 새롭게 배워야 할 능력이라는 점을 인정하고 이를 계발하기 위해 노력해야 한다. 틀을 깨는 사고의 발상을 하려면 'A는 B다'라는 정형화된 도식에서 벗어날 수 있어야 한다. 익숙한 사고의 습관을 과감하게 집어던질 수 있어야 한다는 말이다. 여기서 '모범생의 덫 혹은 딜레마'라는 표현을 사용할 수 있을 것이다.

언젠가 17년간 공직에 몸담았던 사람과 대화를 나누면서 공직 생활에서 자신의 사고가 정형화되는 덫에 걸리는 과정에 대한 이야기를 들었다.

"이제 수명이 길어지기 때문에 과거처럼 60대에 은퇴해서 긴 인생을 살기보다는 50대 초반이나 중반에 새로운 경력으로의 전직에 대해서도 생각해 봐야 할 것 같습니다. 공직에 몸담은 이후 처음 10년 동안은 사표도 참 많이 썼습니다만, 그런 생활에 점점 익숙해지더군요. 공직에 있으면 감사라는 외부적인 제약 조건도 있지만, 업무 성격이 거의 틀에 박혀 있지 않습니까. 그래서 처음에는 반항도 해 보았지만 한두 번 틀에 박힌 사고를 하다 보니 나중에는 그것에 익숙해져 새로운 생각을 하는 게 어려운 일이 되었나 봅니다. 공직의 특성상 발상의 전환은 햇수가 더해질수록 정말 어렵습니다."

스스로 노력하지 않으면 새로운 시도를 하기가 힘들다. 그리고 정형화된 사고에 익숙해지면 그 다음부터는 튀는 생각 자체가 어렵게 된다. 미래를 준비하는 사람이라면 항상 참신한 생각을 할 수 있도록 노력해야 하지만, 이는 결코 쉽지 않은 일이다. 경험과 성공, 나이는 사람들에게 정형화된 사고방식을 가져다주기 때문이다. 그렇다 보니 보통 사람은 좀처럼 그 틀에서 벗어날 수가 없다. 의식적으로 노력하지 않으면 새로운 발상을 하기 어렵다는 말이다.

대부분 조직은 조직 자체가 갖고 있는 관성 때문에 창의적인 발상 면에서 더디게 움직인다. 요즘 창조 경영에 대한 논의가 활발하지만, 그런 개념이 조직에서 제대로 뿌리 내리기 위해서는 많은 시간과 노력이 필요하다. 이런 점에서 미래 인재는 자신의 미래와 조직의 미래를 분명히 구분해야 한다. 조직이 미래를 완전히 보장해 주지 않기 때문에 생활을 통해 자신이 갖추어야 할 핵심 조건을 스스로 만들어 가야 한다. 이 능력을 꼭 갖추어야 한다면 창의적 발상 능력을 키워 가는 프로젝트를 자신이 주도해서 추진할 수 있어야 한다. 그렇다면 그것에 '창조사관학교' '창조 프로젝트'라는 이름을 붙일 수 있을 것이다.

비록 현실에 적용할 수 없을지라도 기발한 아이디어가 떠오르면 그냥 스쳐 지나치면서 "정말 좋은 생각이군" 정도로 넘기지 않기를 바란다. 그런 아이디어가 떠오르면 "정말 놀랍군!"이라고 감탄사를 연발하면서 간단하게 메모해 두거나 다른 방법으로 기록해 두는 것도 하나의 훈련 방법이 될 수 있다. 또한 다른 사람이 이미 실행한 아이디어나 물건, 서비스 가운데 창의적 발상에 해당하는 사례들을 기록하면서 관심을 갖고 살펴볼 필요가 있다. 이런 과정을 거친다면 창의적 발상에 민감해질 수 있을 것이다.

그리고 여기에 그치지 말고 처음에는 초보적 수준일지라도 자신의 머리에서 나온 새로운 발상을 정리해 나가는 습관도 도움이 된다. 남의 것을 보는 것에 만족할 것이 아니라 스스로 만들어 볼 필요가 있다. 자신이 추진하는 프로젝트를 중심으로 "나라면 이런 아이디어를 구체화해서 이런 식으로 만들 텐데"라고 가정함으로써 창의적 발상을 드러낼 필요가 있다. 이런 성과를 차근차근 정리해 가는 과정은 그 어떤 교육 프로그램보다 효과적이다. 또한 다수가 선택하는 방법이나 아이디어, 신념 외에 다른 것이 없을까 자문하고 답을 구하는 습관도 도움이 된다.

　　창의적 발상이 우연을 통해 얻어진다고 생각하는 사람도 있지만, 나는 철두철미하게 하나의 습관에서 비롯된다고 생각한다. 그러므로 '창조적 습관'을 만들기 위해 노력해야 한다고 본다. 각 분야에서 창의적 발상으로 성공을 거둔 사람들에겐 나름의 창조적 사고방식이 존재한다. 그대로 베낀다고 해서 효과가 있는 것은 아니지만, 이들을 살펴보면서 그 가운데 자신의 것으로 할 수 있는 것이 무엇인지 찾고 그것을 자신의 것으로 만들어야 한다. 또한 창의적 발상에 대한 전문가의 도움을 받는 것도 필요하다. 창의적 발상이 사고 습관이라고 가정한다면, 아주 내밀한 부분에서는 특별한 재능이 필요하겠지만 어느 수준까지는 배울 수 있다. 그러므로 전문가의 책을 집중적으로 연구해 그들 방법 가운데 자신에게 맞는 것을 벤치마킹하는 노력이 꼭 필요하다. 모든 것을 일일이 경험하면서 배울 수는 없다. 책은 다른 사람의 경험을 체계화해 놓았다는 장점이 있어 시간과 비용, 시행착오를 줄일 수 있다.

　이상적인 상태는 자신의 창의적 발상을 강조하는 조직에서 직업생활을 하는 것이다. 그런 행운을 만난다면 조직의 문화 혹은 제도와 창의적인 발상을 삶의 한 부분으로 자연스럽게 체득할 가능성이 높다. 이때는 이런 능력을 갖추기 위해 특별한 노력을 덜 해도 된다. 이런 시스템을 갖춘 조직에서는 개인이 그 시스템을 제대로 이용하는 것만으로도 큰 효과를 거둘 수 있기 때문이다. 그러나 많은 조직이 아직 창조와는 거리가 멀다. 그런 점에서 대부분의 조직에서 활동하는 사람들은 창의적 발상을 키우기 위해 자신이 부담해야 할 부분이 많다. 한 가지 분명한 사실은 현재 처한 환경에 상관없이 창의적 발상 능력을 갖추는 데 성공하느냐 못하느냐는 결국 우리 자신의 몫이다.

03 속도의 시대, 기회 포착 능력이 관건이다

많은 사람이 지나간 길은 상대적으로 위험이 덜하지만 기대 이상의 큰 가치를 만들어 내기가 어렵다. 남이 가지 않은 길, 남이 볼 수 없는 것에서 커다란 가치를 만들어 내야 한다. 누구나 볼 수 있는 곳에서 기회를 발견하기는 쉬운 일이 아니다. 따라서 미래의 인재로 자신을 우뚝 세우기를 원한다면 다른 사람들이 볼 수 없는 기회를 먼저 포착할 수 있는 능력을 갖춰야 한다.

미래는 속도의 시대가 될 것이다. 변화와 속도가 빨라지는 것은 그만큼 기회의 부침이 심해진다는 것을 뜻한다. 최고 위치에 올랐다고 하더라도 그 자리를 오랫동안 지킬 수 없다는 사실을 알아야 하고, 새로운 기회를 포착해 전진해 나갈 수 있느냐에 따라 성공이 좌우된다는 사실을 기억해야 한다. 그러므로 기회 포착 능력은 미래 인재의 조건 가운데 빼놓을 수 없는 필수적인 것이다.

기회에는 확실함이 따라다니지 않는다. 확실하다면 누군가 그 기회를 자신의 것으로 만들었을 것이다. 기회는 불확실함, 모호함, 불안정함, 두려움 등이 따라다닌다. 용기가 없다면 잡을 수 없는 것이 기회다. 또한 섬세함과 예리함, 호기심으로 무장되지 않은 사람은 그런 기회를 포착하기 힘들다. 기회를 포착하는 능력은 타고난 부분도 있다. 그러나 그런 부분은 우리가 어떻게 해 볼 수 있는 영역이 아니다. 그동안 나는 사업 분야에 타고난 능력을 갖춘 몇몇 사람을 만날 기회가 있었다. 돈 냄새를 맡는 능력이라고나 할까? 그 사람들은 정말 기회의 선점 자체에 비상한 능력을 가졌다. 그러나 그들 역시 어떻게 그런 능력을 갖게 되었는지를 정확하게 설명해 주지 못했다.

타고난 부분을 제외하고 어떻게 기회 포착 능력을 가질 수 있느냐에 대한 답을 찾아야 한다. 그리고 현장 경험을 해 나가면서 기회를 포착하는 능력을 하나하나 시험해 볼 수 있는 용기와 자신감을 가져야 한다. 기회 포착 능력은 수동적이고 방어적인 사람이라면 가질 수 없는 능력이다. 게으른 사람도 마찬가지다. 이따금 뒤를 돌아보면서 과거의 어느 시점에서 그 기회를 놓쳤다면 어떻게 인생이 전개되었을까 하는 질문을 해볼 때가 있다. 기회를 잡기 위해 자신을 불확실함 속으로 밀어 넣을 때 가능성의 문이 열린다. 결정 당시에는 뚜렷한 근거 없이 그런 결정을 내렸다고 하더라도 훗날 생각해 보면 그런 결단이나 행동이 아니었다면 현재와 다른 삶의 궤적을 걸어갔을 거라는 사실에 놀랄 때가 많다.

기회 포착 능력을 가진 사람은 대개 자신의 삶과 직업에 대한 기대 수준이 높다. 그리고 그들은 더 나은 기회를 만들어 내기 위해 주변을 관심 있게 지켜보고, 미세하고 섬세한 변화가 가져올 수 있는 기회를 놓치지 않는다. 그들은 그런 기회를 잡아 새로운 가치를 창조하는 경험을 쌓으면서 성공 경험을 하나하나 축적한다. 그러면서 인생이나 직업 세계에서 기회는 주어지는 게 아니라 자신이 만들어 간다는 사실을 뼈저리게 느끼게 된다. 그리고 그 과정에서 노하우에 가까운 자신만의 독특한 기회 포착 능력을 소유하게 된다.

우리 모두는 한창 경력의 사다리 위를 향해 나아가고 있다. 직급이 올라가는 것은 또 다른 의무와 책임을 부과하는 것이다. 직급이 낮을 때는 갖지 못해도 괜찮았던 능력을 갖추어야 한다는 것을 의미한다. 이런 능력 중 최고가 기회 포착 능력이다. 자신이 임원 자리에 있다고 해 보자. 주어진 문제를 해결하는 능력만으로 자신의 임무를 다했다고 말할 수 있는가? 승진은 자신이 책임지고 있는 단위 조직의 성과에 대해 책임을 져야 한다는 것을 의미한다. 조직의 성과는 두 부분으로 구성된다. 하나는 기존 업무를 가장 효과적으로 처리하는 데서 나오고, 다른 하나는 새로운 기회를 만들어 가치를 창출해야 나온다.

직급이 올라가면서 인재에게 요구되는 조건도 바뀐다. 문제 해결 능력이라는 기본 조건 위에 새로운 기회 포착 능력이 더해져야 한다. 사원은 문제 해결 능력만으로도 충분하지만 임원은 그렇지 않다. CEO가 갖추어야 할 필수 능력 가운데 하나가 기회를 내다보고 이를 찾아내는 눈이다. 대부분의 사람은 시간이 흐르면서 승진의 사다리 위를 열심히 올라갈 수밖에 없다. 그렇다면 기회 포착 능력을 키우기 위해 무엇을 어떻게 하고 있는가 하는 질문을 통해 자신의 노력을 정확하게 평가할 필요가 있다.

조직을 떠나 자기 사업을 한다고 가정해 보자. 이때 수동적으로 주어진 일을 해결하는 데만 그친다면 그 사업은 망할 수밖에 없다. 기회를 잡아 이를 성취한 다음 또 다른 기회를 잡는 일련의 과정이 바로 사업가의 길이다. 그렇다면 기회 포착 능력은 어떻게 길러지는가? 기회 포착 능력은 무의식과도 깊은 관련이 있다. 자신의 일에 발을 반 정도만 담근 상태에서는 행운이 함께하지 않는 한 기회를 찾을 가능성이 거의 없다. 자신이 진행하는 프로젝트나 직업에 흠뻑 빠져 있어야 기회를 포착할 수 있는 능력이 생긴다. 즉 의식뿐 아니라 무의식까지 총동원해야 미세하게 흔들리고 있는 기회를 볼 수 있고 만들어 낼 수 있다. 결국 기회 포착 능력은 자신의 분야에 흠뻑 빠진 사람만이 가질 수 있는 특별한 능력이다.

물론 때로는 운이 큰 역할을 하기도 하는데, 이는 우리가 통제할 수 없는 영역이다. 나는 늘 행운이 함께하길 바란다. 기도하는 자세도 필요하지만 적극적으로 그것을 찾아 나서는 자세가 더 필요하다는 것을 경험을 통해 알 수 있다. 그럼 어떻게 해야 하는가? 순례자의 길로 들어서야 한다는 말이다. 그것은 자신이 무엇을 하든 간에 모든 도전과 경험을 자신이 흠뻑 빠져들 수 있는 분야에 근접하는 일련의 과정으로 파악하는 일이다. 지금 마음에 들지 않는 분야에서 일하고 있다면 흠뻑 빠질 수 있는 일을 찾아가는 과정이라고 생각하면 된다.

  물론 그런 분야를 찾는 것이 우선되어야 하지만 자신만의 방식으로 훈련하는 노력도 함께 해야 한다. 큰 사업을 일으켜 엄청난 성공을 거둔 사람과 비교할 수는 없지만, 나도 상대적으로 기회를 포착하고 이를 상업화하는 노력에서 어느 정도 성과를 거두었다. 그리고 그런 행위 자체를 경제적인 과실을 떠나 즐기는 사람이다. 기회 포착 능력은 고도의 '암묵적 지식'에 해당한다고 볼 수 있다. 만나는 사람들 가운데 특별한 교육적 배경을 갖지 않았어도 자신의 분야에 관해 비상한 기회 포착 능력을 가진 사람이 있다. 이들은 그 분야에 대한 관심으로 가득 차 있다. 우리는 에너지가 분산된 상태에서 그런 행운이 찾아오기를 바라서는 안 된다. 관심, 호기심, 취미, 특기 등 모든 것이 새로운 기회 창출에 초점이 모아져야 기회 포착 능력을 계속 만들어 갈 수 있다. 미래 인재라면 당연히 그런 능력을 키워야 한다. 이 능력은 누가 가르쳐 주거나 누군가한테서 배울 수 있는 것이 아니어서 그 가치가 높다. 누구나 가질 수 없기 때문에 이 능력을 가진 사람이 누릴 수 있는 보상은 커진다.

04 재훈련을 통해 학습 능력을 배가시켜라

상품이나 서비스와 마찬가지로 환경 변화는 직업인이 지닌 가치 창출 능력의 적합성을 떨어뜨린다. 무엇보다도 변화 속도가 점점 빨라지다 보니 직업인으로서 갖춘 능력의 수명 주기가 크게 떨어지고 있다. 그러므로 직업 세계에서 경력을 쌓아 나가는 사람은 예외 없이 자신의 가치 창출 능력을 변화에 적합하도록 어떻게 바꾸어 나갈 것인가 하는 과제를 안게 되었다. 그렇다 보니 개인 차원의 재훈련 프로그램이 필요하게 되었는데, 그 중요성이 점차 커지고 있다.

물론 조직이나 국가 차원에서 이런 노력을 지원해 줄 수도 있지만, 나는 범용화하기 힘든 면이 많아서 개인의 재훈련은 개별적인 활동이라고 생각한다. 누구도 무엇을 어떻게 계발할 것인가에 대해 큰 도움을 주기 힘들다고 본다. 물론 일반적 조언이나 제언은 가능할지 모르지만 구체적인 부분에서는 근본적 한계를 가질 수밖에 없다. 대학교나 대학원 등 정규 교육이 제공하는 교육 기회도 범용성의 성격을 벗어날 수 없다. 기존 이론을 체계화해서 스스로 적용 가능성을 높이는 데 어느 정도까지는 기여하지만, 가치 창출 능력으로 곧바로 연결되지 않는다. 반드시 그런 범용성 지식을 개별화하는 과정이 필요하다.

그러므로 스스로 교사가 되어야 하고 때로는 학생도 되어야 한다. 두 가지 일을 병행하려면 자신에게 맞는 체계적인 학습 방법이 있어야 한다. 이 방법을 개발하는 데 성공하지 못한다면 자신의 가치 창출 능력을 시대의 변화에 맞춰 바꾸어 나가는 데 실패할 가능성이 높다. 여기서 실패는 곧바로 직업 세계에서 도태된다는 것을 의미하는데, 결국 한 개인에게는 치명적인 타격을 입히게 된다.

직업 세계에서 성과를 낳는 것이 보수를 받기 위한 중요한 이유라고 한다면, 우리는 자신의 미래를 위해 성과 창출 능력을 발전시키기 위해 날마다 시간을 기꺼이 투자할 수 있어야 한다.

그렇다면 미래 인재에게 요구되는 학습은 과연 어떤 것일까? 무엇보다 중요한 것은 '학습의 생활화'다. 배움에 대한 기존의 고정관념, 즉 오랫동안 계속해서 시간을 투자해야 한다거나 대학이나 대학원처럼 특별한 장소에서 해야 한다는 생각을 과감하게 버려야 한다. 학습은 언제 어디서나 이루어질 수 있다. 따라서 일하는 행위와 학습하는 행위를 굳이 분리할 필요가 없다. 두 가지를 동시에 할 수 있고 어제의 학습 결과가 오늘과 내일의 성과로 연결될 수 있다는 사실을 자연스럽게 받아들여야 한다. 굳게 마음먹고, 치밀한 계획을 세우고, 바쁜 일을 마치고 경제적 · 시간적으로 여유가 생긴 다음에 학습을 본격화한다는 생각을 과감히 버려야 한다. 그래야 비로소 학습을 시작할 수 있다. 한마디로 학습을 생활의 일부분으로 받아들여야 한다.

학습은 뒤로 미뤄서는 안 된다. '언제 어디서나 학습한다'는 것을 생활화해야 한다. 이처럼 관점을 제대로 정립하지 않는다면 제대로 된 학습이 이루어질 수 없다. 예를 들어 직업 세계에서 요구되는 업무의 강도는 점점 세질 수밖에 없기 때문에, 경제적 · 시간적으로 드디어 학습을 시작할 때가 되었다는 생각을 할 수 있는 순간을 쉽게 잡을 수가 없다.

일단 학습에 대한 생각을 재정리하게 되면 그 다음은 언제 어디서 무엇을 배워 자신의 현업에 적용할 수 있는지 아이디어와 사례, 실행 방법 등을 찾으려고 한다. 그러므로 시간이 없다거나 돈이 부족하다고 불평하기보다 자신이 가진 자원의 범위 내에서 어떻게 배워야 할 것인가 하는 과제에 스스로 답을 구해야 한다. 이때 전문가의 조언이나 다른 사람이 성공한 방법은 참고 자료가 될 수는 있지만, 궁극적으로 자신에게 적합한 방법을 찾아내지 못한다면 투자 대비 수익률이 낮을 수밖에 없다.

우선 다른 사람들은 어떻게 배우는지 아이디어를 구하고 학습법을 다룬 전문가의 책을 참조해야 한다. 전문가들의 책은 일일이 찾아다녀야 하는 번거로움을 덜어 준다. 짧은 시간에 일목요연한 방법을 배울 수 있다면 이것을 서로 비교하기도 하고, 그동안의 자기 경

험과도 비교하면서 자신에게 맞는 학습 방법이 무엇인지 구체적이
지는 않아도 채택 가능한 방법에 대해 여러 가지 대안을 구할 수 있
다. 그 다음 과제는 이런 대안을 하나씩 현실에 적용함으로써 자신
에게 적합한 학습 방법을 구체적으로 찾아내는 것이다. 이때 이론만
으로는 충분치 않다. 직접 해 보는 것으로 자신에게 가장 적합한 학
습 방법을 찾아내야 한다. 한두 번 구체적인 방법을 실천에 옮기다
보면 어떻게 배울 때 가장 효과적인지 깨닫게 된다.

예를 들어 내가 가장 많이 받는 질문 중 하나가 "어떻게 공부하세
요?"라는 것이다. 대학 교수의 경우 가장 잘 활용할 수 있는 학습 방
법은 전문 저널에 논문을 발표하는 것이다. 논문을 쓰지 않는 교수
가 있다면 그는 학습을 게을리하거나 중지한 사람으로 봐도 크게 무
리가 없다. 나는 지식을 생산해 유통하는 사람이지만 일부 전문가들
사이에 인기 있는 학술 저널을 자신의 학습 기회로 활용하고 있지
않다는 점에서 교수와는 큰 차이가 있다.

나는 책 한 권을 마무리하고 나면 곧이어 다음 책을 준비한다. 한
가지 일을 마치고 나서 준비하는 것이 아니라 책을 쓰는 중에 이미
다른 책에 대한 구체적인 구상이 대충 마무리된다. 책 쓰기를 즐기
는 이유는 책을 통해 경제적인 이득을 얻는 것이다. 또한 독자에게
영향력을 미치고, 독자가 원하는 가치를 제공할 수 있다는 부분도 중
요한 역할을 한다. 그런데 더 중요한 이유는 한마디로 "가장 효과적
인 학습법이기 때문이다"라고 자신 있게 이야기할 수 있다. 배울 수
있기 때문에 쓴다는 말이 가장 적합한 표현이다.

아무리 많은 책을 읽어도 그 지식을 자신의 것으로 만드는 데는 일정한 시간이 필요하다. 직접 써 보는 과정이 없다면 완전하게 자신의 것으로 만드는 데 어려움이 따른다. 신문을 읽고 잡지를 읽고 책을 읽고 다른 사람의 이야기를 주의 깊게 듣는 것은 새로운 지식을 만들어 내기 위한 보조적인 활동, 즉 정보를 수집하고 입력하는 활동일 뿐이다.

현장에서 일하는 사람은 나와 다른 학습법을 찾아내야 한다. 더 나은 결과를 만들어 내기 위해 문제와 씨름하면서 새로운 도전 과제를 찾아내고, 이를 해결하려고 고심하는 과정에서 다른 업종이나 동종 업계의 기존 해결 방법을 비교하다 보면 새로운 방법을 찾아낼 수도 있다. 이런 절차가 원활하게 이루어진다면 이는 아주 중요한 학습법이 된다.

내가 활용하는 학습법을 모두 소개하는 것은 이 책의 성격에 맞지 않아서 그 가운데 한 가지만 언급했다. 미래 인재는 어떤 형식이든지 간에 특별한 기간, 특정한 장소에 머물면서 배우는 방식이 아니라 자신만의 독특한 방법을 찾아내야 하고 이를 숙달해 매일 자신을 업그레이드해야 한다.

05 긍정적인 사고로
동기부여 능력을 키워라

가야 할 길이 미리 정해진 시절이 있었다. 그러나 지금은 어떤가? 명문 대학을 나온다고 해서 보장되는 것이 있는가? 절대 없다. 경력의 사다리 가운데 누구에게나 적용 가능한 정형화된 것은 없다. 각자 알아서 만들어 가야 하는 시대가 되었다. 어떻게 만들든지 간에 자신이 선택하고 책임져야 한다. 이런 점에서 톰 피터스(Tom Peters)처럼 가혹한 독설로 사람의 마음을 뒤집어 놓는 사람도 드물지만, 다소 불편하더라도 그의 말을 경청해야 할 충분한 이유가 있다.

끝났다. 수직상승하던 시절은 더 이상 존재하지 않는다. 사다리는 없어졌다. 이제 그런 식으로는 경력을 쌓지 않는다. 1차원의 세계는 없어졌다. 이제 한 사람의 이력은 체스판과 같다. 또는 미로와 같다. 여기에는 옆이나 앞으로 이동하거나 사선으로 미끄러지거나 심지어는 필요한 경우 후퇴하기도 하는(이럴 경우도 많다) 여러 수가 존재한다. 한 사람의 이력은 새로운 기술과 능력을 개발하게 하고 새로운 경험을 쌓게 하고 동료들을 알아나가고 '브랜드 유' 로서 스스로를 끊임없이 재창조하게 하는 프로젝트의 포트폴리오와 같다. 우리의 '커리어' 가 가는 길에서 잊지 말아야 할 사실이 하나 있다. 궁극적으로 우리가 바라는 최종 목표는 관리자가 되는 것이다. 그러나 '이력서' 처럼 '관리자' 도 한물간 용어다. 관리자란 '더 이상 발전 가능성이 없는 자' 란 말과 같다. 절대 잊지 마라. 우리의 목표가 더 흥미롭고 도전적이고 더 도발적인 프로젝트로 구성된 것이라고 본다면 '관리자' 같은 방향성을 추적하기는 힘들 뿐만 아니라 의미도 없다. 승진의 사다리를 오르는 데 혈안이 된 노예가 되지 말고 주기적으로 자기 자신을 재창조하라. 자기만의 고유한 사명 선언서를 작성하는 것으로 '나 주식회사' 의 CEO로서 스스로를 인도하라. 무엇이 자신을 흥분시키는가? 뭔가 새로운 것을 배울 때인가? 기술을 인정받았을 때인가? 구상 단계에서 시장에 나올 때까지 새로운 아이디어를 발전시키는 때인가?

「The Brand Called You」, 「Fast Company」(톰 피터스, 1997),
『경영의 창조자들』,(짐 콜린스 외, 토네이도, 2007, p.213).

어느 누구에게나 적용할 수 있는 모범 답안이 사라졌다면 자신만의 답안을 찾아야 한다. 이때 목표를 꼭 이루고야 말겠다는 강한 의지가 없다면 추진력이 생길 수 없다. 우리는 추진력을 무엇이라고 부르는가? 흔히 자신에게 성취동기를 부여하는 능력이라고 부른다. 지속적으로 더 나은 미래를 만들어 내기 위해 에너지를 건설적인 방향으로 분출하도록 유도하는 능력을 갖고 있느냐는 점에서 자신을 선동하는 능력을 말한다.

이런 능력을 갖지 않은 사람의 보편적 특성은 제도나 다른 사람한테서 압박당하는 시점까지만 경력의 정점에 도달한다는 것이다. 그런 사람은 제도나 다른 사람에 의한 압박이 없어지는 때를 기점으로 언제 그렇게 열심히 했는지 의문을 품을 정도로 게으른 상태로 바뀌게 된다.

의욕을 부여하는 능력은 자신이 추구하는 목적지까지 반드시 도달하려는 의지나 욕망과 깊은 관련이 있다. 그러므로 이런 능력은 다른 사람한테서 받을 수 없다. 스스로 만들어 내야 하지만 그런 능력이 어떻게 생겨나는가에 대해서는 의견이 분분하다. 풍부한 수원을 가진 샘에서 물이 솟아나듯 끊임없이 새로운 것, 더 좋은 것, 더 높은 곳을 향해 나아가는 사람을 보는 것은 주변 사람에게 때로는 피곤함, 때로는 신기함, 때로는 에너지를 가져다준다. 다른 사람이 이를 어떻게 받아들이든 간에 그런 능력을 갖고 있지 않다면 강한 추진력을 가질 수 없다. 그리고 지속적으로 무언가를 추구하기 위해 달려갈 수가 없다.

귀한 것을 추구하는 과정은 자신이 가진 것 가운데 일부를 포기하는 일과 관련이 있다. 포기에는 언제나 고통이 따른다. 즐겁고 편안한 것을 버리고 더 나은 미래를 만들기 위한 노력에는 이제껏 해 왔던 것에 머물고 싶다는 본능을 이겨 낼 수 있는 힘이 필요하다. 세상에는 똑똑한 사람은 많지만 자신이 의도하는 대로 인생을 만들어 가는 사람은 찾아보기 힘들다.

공부는 인생에서 단기 게임에 가깝다. 뛰어난 머리로 단기간에 승부를 걸 수 있다. 그러나 인생이란 오랜 시간에 걸쳐 승부가 결정된다. 그러므로 지치지 않고 한눈팔지 않고 꾸준하게 밀어붙일 수 있는 에너지가 필요하다. 이런 점에서 자신에게 계속 성취동기를 부여하는 능력은 미래 인재에게 필수적이다.

성취동기를 가진 사람은 자신에게만 그 힘이 머물러 있지 않는다. 의욕을 가진 사람의 삶은 주변 사람에게 긍정적인 영향을 미친다. 따라서 의도적으로 노력하지 않아도 주변 사람에게 긍정적으로 이를 전염시킨다. 다른 사람에게 성취동기를 부여하는 능력도 스스로에게 의욕을 불어넣는 것으로써 첫 번째 단추를 끼웠을 때만 가능한 이야기다.

스스로에게 성취동기를 부여하는 능력을 갖춘 사람은 계속해서 성장할 것이다. 자신 앞에 어떤 어려움이 닥쳐도 그 역시 성장을 위한 풍부한 재료 가운데 하나일 뿐이다. 스스로에게 성취동기를 부여하는 방법을 익히는 데는 사람마다 나름의 방법이 있다. 그러나 그동안의 내 경험을 통해 가능한 이를 체계화하고 더 나은 상태로 발전시키기 위해 노력하는 사람이 그다지 흔하지 않다는 사실을 잘 알고 있다. 그만큼 사람들은 눈에 보이지 않는 부분의 중요성을 간과하기가 쉽다.

나는 이런 능력을 매우 중요하게 여긴다. 그리고 가능하면 다른 사람들의 경험에서 배움을 구하는 데 주저하지 않는다. 그리고 이를 배우고 나면 그냥 한두 번 반복에 그치지 않고 완전히 자신의 것으로 만들어 내는 데 열심이다.

자신에게 성취동기를 부여하는 능력은 지식의 영역이 아니라 실천의 영역이다. 또한 실천의 영역에서 한 걸음 더 나아가 습관의 영역이라고 생각하기 때문이다. 습관이 그렇듯 자신에게 성취동기를 부여하는 습관 역시 완전히 몸에 배지 않으면 자신의 것이 될 수 없다. 몸에 배지 않으면, 긴급한 상황이 해결되면 언제든지 사라져 버릴 수 있기 때문이다.

미래는 불확실성이 높아지는 시대다. 사람들은 불확실성을 줄이기 위해 여러 가지 방법을 찾겠지만 변화의 속도와 폭만큼이나 불확실성이 증가하는 일은 막을 수 없다. 따라서 이미 이룬 것에 자족하거나 멈추어서는 안 된다.

물론 은퇴를 결정하게 되면 다른 문제지만 말이다. 은퇴하지 않고 어정쩡한 상태로 현역에 머물러 있을 수는 없다. 자신의 경쟁력과 입지가 빠르게 축소될 가능성이 높기 때문이다. 이를 방지하는 것이 바로 성취동기 부여 능력이다. 여기에서 한 걸음 더 나아가 다른 사람에게도 성취동기를 부여해야 한다. 이런 능력을 강화시키기 위해, 미래 인재를 제대로 준비시키기 위해 적극적으로 투자를 서둘러야 하는 이유가 바로 여기에 있다.

그냥 성취동기가 강했으면 좋겠다는 소망이나 바람만으로는 안 된다. 그것은 누구든지 가질 수 있는 바람이지만, 습관화되도록 꾸준한 반복을 통해 삶의 한 부분으로 만들어 내지 않으면 이런 능력을 갖출 수 없다.

예를 들어 자신을 하나의 제조 공장으로 생각하면 어떨까? 성취 동기라는 눈에 보이지 않는 기분이나 심적 상태를 계속 만들어 내는 자신이 세워 놓은 그런 공장 말이다. 그런 공장의 공장장으로 취임한다면 늘 역동적인 성장세를 유지하려는 심적 상태를 만들 수 있을 것이다.

06 새로움에 도전해
자기 혁신 능력을 강화시켜라

우리는 지식이 무용화되는 속도가 날로 빨라지는 시대를 살고 있다. 앞으로는 어떨까? 그 속도가 더욱 빨라질 것이다. 쓸모없는 것으로 바뀌어 가는 속도만큼 경쟁의 범위는 날로 세계화되는 실정이다. 글로벌 경쟁력을 확보하는 데 성공한 상품이나 서비스는 엄청난 수익을 창출하고 성공을 가져다준다.

미래 인재에게 주어진 상황은 '터프' 그 자체라고 불러도 무방하다. 결국 혁신 속도의 격차에 따라 미래 인재의 성공 여부도 크게 달라진다. 얼마나 빠른 속도로 자신의 지식을 업그레이드해 나갈 수 있는지가 관건이다. 그러나 이는 쉽지 않은 과제다. 대부분의 사람이 직업 세계에서 노동 강도에 허덕이게 될 것이기 때문이다. 또한 대부분 24시간 가동 체제로 돌아갈 경우 일과 생활 사이에서 균형을 잡는 것 자체가 매우 힘들어질 전망이다.

현재와 미래 사이에서 적절한 균형을 유지하는 일 역시 힘겨운 과제다. 당장 성과를 올리는 일뿐 아니라 미래 역량을 강화하는 일도 혁신 능력에 따라 좌우된다. 혁신의 궁극적인 지향점은 고객이 원하는 니즈와 욕구에 맞춰 자신의 능력을 총체적으로 업그레이드해 나가는 것을 말한다. 시장 수요가 지속되도록, 한 걸음 더 나아가 인기를 끌 수 있도록 바꿔 나가는 노력을 더해 가는 것을 혁신의 잣대로 삼아야 한다. 이는 고객의 입장에서 더 많은 가치를 부여해야 한다는 것을 뜻하며, 동시에 미래 인재의 입장에서 시간당 가치 창조 능력을 높여 가는 과정을 말한다.

다른 의견을 제시하는 사람도 있겠지만 수량지표로 표현하면 시간당 임금 혹은 시간당 생산성을 높이기 위해 구체적으로 자신이 가진 능력을 계속 변화시켜 나가는 것을 혁신 능력이라고 부를 수 있다. 혁신 능력은 자기중심적 사고로 자신을 바라봐선 만들 수 없다. 시장중심적이고 고객중심적인 사고가 필요하다. 고객이 원하는 방향으로 자신을 변화시켜 나가야 한다. 고객이 원하는 것을 알아차렸다고 해도 그냥 기다리는 것만으로 가질 수 없는 것이 혁신 능력이다. 어제보다 오늘, 오늘보다 내일, 한 시간 전보다 현재가 더 나은 상태가 되도록 계속 바꿔 가는 능력이 바로 혁신 능력이다.

혁신 능력을 혁신이 가진 고유한 두 가지 의미와 연결해 해석하는 것도 도움이 된다. 첫째는 이미 갖고 있는 것을 바꾸는 것이다. 이는 자신이 가진 지식을 더 높은 가치 창조가 가능하도록 업그레이드해 나가는 것을 말한다. 그러나 이것으로 끝나지 않는다. 새로운 것을 만들어 내는 일종의 창조 역시 혁신과 관련해 '파괴적 혁신'이라고 표현하는 전문가도 있다. 없는 것을 만들어 내는 것 역시 혁신 능력의 한 축을 차지한다.

혁신 능력은 어느 날 갑자기 주어지는 것이 아니다. 그리고 특별한 사람에게 주어진 특별한 것도 아니다. 혁신은 지속적으로 생활의 한 부분처럼 자연스럽게 이루어진다. 그렇다면 혁신은 습관의 산물이자 일종의 시스템의 산물이라고 말할 수 있다. 혁신을 위한 나름의 시스템을 갖추는 데 성공한 사람은 혁신의 결과물을 낼 수 있고, 그런 혁신의 결과물을 낼 수 있는 시스템을 소유했다고 볼 수 있다.

미래 인재로서 갖추어야 할 조건은 어디서 무엇을 하든지 간에 혁신 능력을 가져야 한다. 이는 매일 새로움을 향해 자신의 모든 것을 바꾸어 가는 능력이다. 그것은 지식일 수 있고, 습관일 수 있고, 생각하는 방법일 수 있고, 일을 처리하는 방법일 수 있고, 고객을 설득하는 방법일 수 있고, 아이디어를 만들어 내는 방법일 수 있고, 좋은 기회를 포착하는 능력일 수 있고, 프레젠테이션하는 능력일 수도 있다. 직업인으로서 경쟁력을 유지하도록 해 주는 결정적인 성공 요인이 무엇이든 간에 그 모든 것은 혁신의 대상이 될 수 있다.

미래 인재는 혁신을 위해 무엇을 어떻게 해야 하는가? 우선 혁신의 대상을 명료하게 정리하고 생활할 필요가 있다. 평소 자신의 행동과 지식을 유심히 살펴보면 거의 모든 것을 구체적인 혁신 대상으로 삼을 수 있다. 자신의 삶에서 기상 시간부터 취침까지를 하나의 거대한 프로세스로 보고, 다시 이를 세분화된 프로세스의 조합으로 보는 일도 필요하다. 동시에 전문인으로서의 능력을 하나하나의 구체적인 프로세스로 보고, 이것을 조합할 수 있어야 한다.

다음으로 자신에게 집요하게 혹은 반복적으로 "어떻게 해야 더 잘할 수 있을까?"라는 질문을 던져야 한다. 질문은 답을 준다. 그것도 집요하고 반복적으로 이루어지는 질문에는 반드시 답을 준다. 자신에게 "어떻게 하면 더 잘할 수 있을까?" 한 걸음 더 나아가 "어떻게 하면 최고 수준에 도달할 수 있을까?" 하는 질문을 집요하게 던져야 한다. 그렇게 하다 보면 자신이 혁신 대상으로 삼는 것 중에서 많은 부분을 하나의 시스템으로 이해하게 된다. 의욕을 만드는 시스템, 글을 쓰는 시스템, 새로운 아이디어를 만드는 시스템, 다른 사람을 설득하는 시스템, 강의하는 시스템 등으로 말이다. 이는 곧바로 각각의 시스템에 대한 혁신 작업 또는 혁신 능력 문제로 귀결된다.

이 과정을 통해 궁극적으로는 자신만의 독특한 혁신 방법을 익히는 것이 필요하지만, 처음에는 다른 사람의 방법을 배우는 데서 출발한다. 특히 한 분야에서 걸출한 성과를 일궈낸 사람한테서는 무엇이든 배울 수 있다. 이런 배움은 자신만의 방법을 만들어 내는 데 큰 역할을 한다. 다른 사람의 방법은 처음에만 중요한 것이 아니라 스스로 자랑할 만한 방법을 갖고 있는 상황에서도 중요하다. 비교하면서 자신의 것으로 바꾸어 나가야 할 동기부여와 구체적인 아이디어를 제공하기 때문이다.

혁신 능력은 학습 능력과 동전의 양면 관계이지만, 학습 그 자체가 곧바로 혁신 능력의 강화로 연결되지는 않는다. 학습을 자기화하는 노력에다 창의적인 반복이 임계치를 넘어설 때 비로소 혁신 능력으로 연결된다. 어떤 능력이든 간에 자신만의 독특함을 더하지 못하면 제대로 된 능력을 만들어 낼 수 없다. 이런 점에서 혁신 능력도 자신만의 독특함을 찾아 떠나는 여행길에 비유할 수 있다.

정답이 주어진다면 누구든지 혁신가로서 성공하는 인생을 찾을 수 있다. 그러나 어느 누구도 그런 방법을 가르쳐주지 않는다. 다른 사람의 방법을 참고하지만 자신만의 독특함을 만들어야 한다는 점에서 혁신 능력은 또 하나의 창조 영역에 속한다. 똑똑한 사람만 혁신을 이룰 수 있는 것은 아니다. 누구든 혁신가로서 자신을 자리매김할 수 있다. 다만 이는 습관과 시스템적인 접근으로만 가능하다. 늘 스스로를 체계화하고 동일한 상태가 아닌 더 나은 상태로 만들어 가려는 노력과 의지가 더해진다면 좋은 성과를 거둘 수 있다.

미래 인재는 더 나은 가치를 지속적으로 만드는 사람이다. 따라서 미래 인재에게 필요한 것은 혁신 능력이라고 할 수 있다. 배우는 능력은 결국 성과로 연결될 수 있을 때만 가치를 지닌다. 배움을 즐기지만 아는 것에만 머물러 있어선 안 된다. 성과로 연결되지 못한다면 지적 유희에 그칠 뿐이다. 그것은 학자에게는 도움이 될 수 있지만 현실 세계에 사는 사람에게는 별로 바람직한 일이 아니다.

07 정보에 관심을 쏟아
위기관리 능력을 갖춰라

뚜렷하고 확실한 경력의 사다리가 사라져 버린 시대에는 누구나 실직의 위험과 마주할 수 있다. 물론 어느 시대나 그런 위험은 있었지만, 미래 인재에게는 가능성과 빈도라는 면에서 위험에 대한 노출 가능성이 더욱 높아질 전망이다. 따라서 미래 인재는 위험에 처했을 때 이를 슬기롭게 헤쳐 나갈 수 있는 능력이 필요하다. 물론 이런 능력은 공세적인 면만 아니라 수세적인 면을 동시에 갖는다. 공세적인 면에서 위기관리 능력은 미래를 예상해 자신이 통제할 수 있는 위험을 미리 계산하고 이를 적극적으로 관리해 나가는 것을 말한다. 기업에서 흔히 말하는 위험 관리를 개인 차원에 적용한 것으로 이해하면 된다. 반면에 수세적인 면에서 위기관리 능력은 위험이 닥쳤을 때 심리적 · 정신적으로 충격을 줄이고 재기할 수 있는 능력을 말한다.

무엇보다 위기관리의 중심은 미래 준비를 생활화하는 것이다. 자신을 둘러싸고 일어나는 변화가 어떤 것인지를 파악하고, 가능한 이런저런 정보를 조합해 미래에 발생 가능한 시나리오를 나름대로 정리해 보는 습관도 도움이 된다. 그리고 그런 위험이 자신에게 어떤 의미를 갖는지, 이런 위험을 피하기 위해 무엇을 해야 하는지를 정리할 수 있어야 한다. 단순히 생각해 보는 차원에 머물러 있지 말고 실천을 통해 미래에 문제점이 발생하게 될 가능성을 낮추어 가는 일련의 준비 과정이 필요하다.

이런 점에서 보면 위기관리 능력은 앞을 내다보는 능력과 동전의 양면 관계임을 알 수 있다. 앞을 내다볼 수 없다면 당연히 위기관리 능력도 가질 수 없다. 그런데 앞을 내다보는 능력은 자신의 분야에만 몰입하는 것으로 가능한 일이 아니다. 자신의 분야와 주변 분야에 대한 지식과 정보가 서로 어우러질 때 제대로 앞을 내다볼 수 있고, 그 과정에서 기회와 위기를 동시에 알아차릴 수 있다.

이 능력은 개인이 발생할 가능성이 있는 위기를 얼마만큼 내다볼 수 있느냐에 따라 좌우되기 때문에 개인이 가진 특성, 이를테면 지적 호기심이나 미래에 대한 일정한 위기감이 없으면 가질 수 없다. 합리적인 낙관주의는 반드시 필요하지만 근거 없는 낙관주의는 비관주의와 비교할 수는 없어도 위험 관리라는 측면에서 많은 문제점을 안고 있다. 그렇다고 해서 우리가 모든 위험을 통제할 수 있는 것은 아니다. 우리가 성취한 대부분의 결과물이 어떤 형태로든 리스크를 감수하는 데서 오는 산물이라고 가정한다면, 그런 리스크를 모두 관리할 수 있는 곳에는 새로운 기회의 가능성이 거의 존재하지 않는다고 말할 수 있다.

통제할 수 없는 위험이 닥쳤을 때, 예를 들어 구조조정에 따라 실직하게 되었을 때 한 인간의 세계관이나 평소의 생활 습관이 위기 극복에 큰 역할을 한다. 그래서 위기관리 능력의 방어적 의미는 이미 닥친 위험을 슬기롭고 합리적으로, 당황하지 않고 순리에 맞게 헤쳐 나가는 능력을 말한다.

어려움에 처하면 사람들은 당황하게 된다. 이때 현실을 그대로 직시하고 문제의 본질을 정확하게 꿰뚫은 다음, 문제 중심이 아니라 해결책 중심으로 차분하게 접근할 수 있는 사람은 위기관리 능력이 뛰어난 편이다.

이는 테크닉이나 스킬의 문제가 평소에 위기를 만났을 때 어떻게 해결해 왔는가 하는 개인 습관에 따라 크게 좌우된다. 따라서 평소 통제할 수 없는 유형의 어려움을 만날 때 어떤 방식으로 대처해 나가는가를 주의 깊게 살펴보고, 이를 하나하나 고쳐 나가는 데서 해법을 찾아야 한다. 그런데 이런 훈련이 평소에 되어 있지 않다면 누구든지 위험 앞에서 당황하게 되고 때때로 되돌릴 수 없는 잘못된 결정을 내리게 된다.

일단 문제와 맞닥뜨리면 이미 발생한 것에 대해 후회하거나 질책할 필요가 없다. 과거와 현재와 미래를 구분해 냉철하게 상황을 바라봐야 한다. 짜증을 내거나 미리 준비하지 못한 자신을 탓하고, 그런 상황을 가져오는 데 일익을 한 다른 사람이나 사회를 비난할 수도 있다. 이런 것을 속죄양으로 삼아 심적 위안을 구하는 경우가 많다. 그런데 이들 속죄양은 객관적으로 위험을 유발한 주요 원인과는 별 관계가 없는 경우가 허다하다.

되돌릴 수 없다면 후회로 시간을 보낼 필요가 없다. 발생한 문제에 연연하지 말고 그 해결책을 중심으로 접근하는 태도가 필요하다. 이는 개개인이 내릴 수 있는 선택에 해당한다. 위험 앞에서 자신을 압박하는 객관적인 세력이나 힘은 대부분 존재하지 않는다. 스스로 어떤 것을 선택할지 결정하는 일만 남는다. 어떻게 해결할 것인지를 중심으로 문제를 바라보기 위해서는 항상 긍정적인 자세를 유지해야 한다. 이때 자신이 처한 어려움을 자신만이 지불해야 하는 비용으로 여기지 않는 것도 도움이 된다.

어려운 일이 닥치면 대부분의 사람은 자신만 이런 어려움을 당하는 유일한 사람으로 생각하고 자신을 측은하게 여기기도 하고 자학하기도 한다. 정도의 차이는 있겠지만, 대부분 사람은 자신만의 문제점을 해결하기 위해 힘든 시간을 보내고 있다. 다만 이를 공론화해서 다른 사람들이 알 수 있도록 하지 않는다는 점만 다를 뿐이다. 이렇게 생각하면 위기관리 능력은 우리 삶의 일부분임을 알 수 있다.

야구나 농구 등 스포츠 게임을 보면, 일시적인 위험이나 위기는 또 다른 기회를 만들어 내는 바탕이 되기도 한다. 삶에서 맞닥뜨리는 위기나 위험도 마찬가지다. 게다가 위험을 극복해 가는 과정에서 많은 것을 배우고 이를 토대로 더 나은 미래를 만들어 내는 경우가 많다. 사는 동안 긍정적인 측면을 보려고 노력하는 자세는 교과서를 통해 배울 수 있는 게 아니다. 그야말로 한 인간이 평소 갖고 있는 삶을 살아가는 자세, 삶을 바라보는 관점과 깊은 관련이 있다고 하겠다.

그런데 위기관리 능력에서 간과할 수 없는 것은 감정적인 성숙도와 통제력이다. 큰 위험이 닥치면 사람들은 충격에 빠지게 되고, 자기 통제력을 상실해 보통 사람이 상상할 수도 없는 선택으로 막을 내리는 경우가 있다. 완전히 막다른 골목에 이르렀다고 판단하게 되는 것이다. 그러나 막다른 골목은 존재하지 않는다. 스스로 그렇게 해석하고 자신의 행동을 합리화할 뿐이다.

이런 점에서 평소 정신 건강에 신경을 써야 한다. 치열하게 자기 경력을 관리해 가는 외중에서도 정신 건강을 유지해야 한다. 안정을 돕기 위한 약물 등이 신체적인 문제를 완화시켜 주는 데 도움이 될 수 있지만, 여전히 심리적 문제는 스스로의 노력으로 극복해야 한다. 느슨함과 빡빡함을 제대로 조합해 자신의 삶을 꾸려 나가는 데 익숙한 사람이라면 정신 건강을 유지할 수 있다. 그러나 세상의 모든 것을 심적으로 통제할 수는 없다. 따라서 불가피하게 위험과 함께 살아가야 한다. 이를 삶과 자연의 일부분으로 받아들일 수 있다면 큰 도움이 된다. 예기치 않은 사건과 이로 인한 위험을 제대로 관리해 나가는 능력은 불확실함으로 가득 찬 세상을 살아가는 데 필수적인 능력이다. 특히 미래 인재라면 반드시 갖추어야 할 능력이다.

08 휴먼 네트워크로 대인관계 능력을 가꿔라

'할리우드 방식'은 미래 직업인이 일하는 방식을 상징적으로 보여 주는 단어다. 붙박이식 조직이 아니라 프로젝트 베이스로 각각의 분야에서 전문가들이 모였다 헤어지기를 반복하는 식으로 일하는 방식을 상징적으로 나타내는 용어다. 최근 수직적 형태의 조직 구조에서 팀제와 같은 수평적 조직 구조를 본격적으로 도입하는 기업이 늘고 있다. 물론 무늬만 팀제라는 혹평을 받는 조직도 있지만, 앞으로는 조직 내에서도 '할리우드 방식'이 무시할 수 없는 하나의 흐름으로 자리 잡을 가능성이 높다. 우리에게 익숙한 고정된 모습의 조직 구조가 완전히 사라지지는 않겠지만 차지하는 비중이 지금보다 낮아질 전망이다.

이런 추세는 미래 인재에게 어떤 의미를 주는가? 업무를 중심으로 다양한 사람과 함께 팀을 이루고 프로젝트가 지속되는 동안 좋은 관계를 유지해 나가는 능력이 점점 중요해진다는 사실을 말해 준다. 앞으로는 다민족, 다문화, 다언어권 출신과의 협업도 충분히 예상해 볼 수 있다. 자신이 몸담고 있는 조직의 성격에 따라 팀의 성격이 달라지겠지만, 업무의 성공을 위해 만난 사람들과 긴밀한 협조 관계를 유지할 수 있는 능력이 중요해졌다.

리더로서의 역할뿐 아니라 팔로우(follower)로서의 역할 모두를 제대로 소화할 수 있어야 한다. 어떤 프로젝트에서는 팀을 책임지는 사람이 되기도 하고 어떤 프로젝트에서는 팀 리더를 따르는 입장이 될 수도 있다. 사람이나 직책이나 직위 중심이 아니라 업무의 성격을 중심으로 자신의 정체성을 정의할 수 있어야 한다. 이는 "자신이 누구인가?"라는 질문에 정확히 답하는 것과 밀접한 관련이 있다. 조직 내에서 위계질서상의 직책이나 직위 중심으로 자기 자신을 바라본다면 이는 갈등을 낳게 된다.

그러나 업무 능력을 중심으로 조직과 구성원을 바라본다면 언제든지 프로젝트의 성격에 따라 팀 리더와 팀원의 관계가 변할 수 있다는 사실을 받아들일 수 있다. 게다가 이 같은 방법은 직장을 그만둔 후 프리에이전트로서 자신의 전문 서비스를 다른 조직에 제공하는 삶을 기획하는 사람에게는 미래를 준비하는 데 큰 도움을 받을 수 있는 방법이기도 하다.

미래 인재의 조건 가운데 빼놓을 수 없는 능력으로 대인관계 능력의 또 다른 측면을 들 수 있다. 그것은 누구를 잘 알고 있는가 하는 것이다. 이는 자신을 누군가에게 추천해 줄 수 있는 사람으로 누구를 알고 있느냐는 것, 자신의 상품이나 서비스를 구입해 줄 수 있는 고객으로 누구를 알고 있느냐는 것과 관련이 있다.

미래에는 정보 폭주와 시간 부족으로 모든 사람이 힘겨워할 것이다. 이런 환경에서 전직 하거나 특정 프로젝트에 합류하기를 간절히 원하는 경우를 가정해 보자. 이때 그 분야에서 사회적으로 인정받고 있는 사람들의 추천은 중요한 역할을 하게 된다. 추천이나 평판 조회처럼 누구를 잘 알고 있고 관련 분야에서 신뢰를 얻고 있는 사람의 추천을 받을 수 있느냐는 미래 인재가 갖추어야 할 중요한 조건 가운데 하나다. 이런 면에서 보면 직업 세계에서 활동하면서 만나게 되는 사람들을 제대로 관리해 나가는 능력은 미래 인재에게 중요한 의미를 지닌다.

추천이나 평판 조회 등이 자신을 다른 사람에게 알리는 것이라면, 자신의 주력 제품이나 서비스를 구입해 줄 수 있는 고객을 제대로 파악하고 관리해 나가고 있는가 점검하는 일은 세일즈가 날로 중요해지는 시대에 무시할 수 없는 부분이다. 휴먼 네트워크를 제대로 유지하고 발전시켜 나갈 수 있느냐는 것과 이런 네트워크를 통해 자신의 상품을 팔 수 있느냐는 미래 인재가 가진 핵심 경쟁력의 하나라고 말할 수 있다.

그러나 미래는 사람들 사이의 관계가 장기간 거래에서 단기간 거래로 바뀌기 때문에 이에 맞는 변화가 필요하다. 미래 인재로 발돋움하기 위해 어떻게 대인관계를 맺어야 하는가? 특히 늘 분주하고 바쁜 생활 속에서 적합한 인재와 지속적인 관계를 유지하는 것은 만만치 않은 일이다. 우선 프로젝트를 맡은 팀 내에서 이루어지는 대인관계는 전통적인 리더십 이론이 도움이 될 수 있다. 팀 내에서 윗사람이나 아랫사람으로 신망을 얻는 일은 전통적인 리더십 이론에서 크게 변함이 없다. 다양한 사람들과 일해야 한다면 문화나 인종, 지역 등에 대해 불필요한 선입견을 갖지 않도록 특별히 주의해야 한다. 그리고 남보다 솔선수범하고, 상대방을 정중하게 대하고, 늘 경청하고, 남에게 폐를 끼치지 않도록 자신이 맡은 일을 깔끔하게 처리하고, 칭찬과 격려로 상대방의 사기를 돋우는 일 등은 모두 대인관계의 불문율에 해당한다.

또 다른 대인관계는 자신의 삶과 직업 세계에서 중요한 만남을 지속해 나가는 부분과 연결되어 있다. 관심과 주의 분야는 계속 변화해 가기 때문에 한때의 만남을 지속해 가는 일은 쉽지 않다. 그러나 오랜 시간이 흘렀어도 좋은 관계를 지속해 가는 소수의 사람이 있을 것이다. 그 비결이 무엇인가 생각해 보고 그들을 통해 교훈을 얻었으면 좋겠다. 내 경험으로 미루어 보면 많은 자원을 특정인에게 무한정으로 쏟아 부을 수는 없다. 따라서 한때의 만남이 지속되기 위해서는 자신의 근황을 상대방에게 알리고 서로 근황을 주고받는 지속성이 핵심이라고 생각한다.

이런 면에서 보면 핵심 인물에 대해서는 자신만의 데이터베이스를 만들고 그들의 변화를 간략하게 정리해 두는 정도의 투자가 필요하다. 그리고 연말 등 특별한 시즌이 되면 일 년에 한두 번 정도라도 인사를 주고받을 수 있도록 노력해야 한다. 여기에 자신의 신상 변화를 개인적인 서신 형식으로 알리는 노력을 게을리하지 않는다면, 그래서 오랜 시간이 흘러도 상대방을 방문해 짧은 만남이라도 지속할 수 있다면 대인관계 능력을 유지해 나가는 데 많은 도움이 될 것이다.

누구를 알고 있느냐는 것은 무엇을 알고 있느냐보다 아무래도 중요성이 떨어진다. 그런데 이런 능력은 어느 날 갑자기 절실히 필요한 경우가 생긴다. 이때 과거의 관계가 단절되어 있다면 갑자기 연락을 취하는 것은 상대방에게 불쾌감이나 당혹감을 줄 수 있으므로 오히려 연락하지 않는 것만 못하다. 가장 중요한 것은 지속성을 유지할 수 있는 끈기와 배려, 성실성이다. 이는 훗날 충분한 보상을 돌려줄 수 있으므로 미래 인재에게 중요한 투자라고 생각한다. 자신에 대한 지적 투자가 중요한 것처럼 다른 사람과의 관계에 자신의 자원 가운데 일정 부분을 떼어 꾸준히 투자하는 것은 미래 인재가 늘 염두에 두어야 하는 일이다.

이를 가능하게 하기 위해 멀리 내다보고 살아가는 자세도 필요하다. 눈앞의 이익만 보고 살면 이런 노력이 무의미하게 여겨질 것이다. 먼 장래를 보고 자신의 인간관계를 귀한 자산으로 여기고 투자해 나가는 것이야말로 미래 인재의 필수 조건이라고 할 수 있다.

09 모든 것을 파는 시대!
세일즈 능력을 키워라

미래는 지금보다 정보통신기술의 눈부신 발전에 힘입어 개인의 능력을 세세한 부분까지 측정하는 일이 가능해질 것으로 보인다. 이미 전사적 자원 관리(ERP) 등의 시스템을 속속 도입하고 있는 기업들을 보면 과거와 비교해 개인별 성과 측정이 가능하다는 사실에 놀랄 때가 있다. 이처럼 개인별 성과 측정이 쉬워지면 미래 인재는 자신의 성과에 더욱 민감해질 수밖에 없다.

분야마다 다소 차이는 있겠지만, 자신의 성과물을 어떻게 고객에게 팔 것인가 하는 능력이 무척 중요해질 것으로 보인다. 그리고 활동의 결과, 즉 성과에 대한 관심이 부쩍 높아지게 될 것이다.

오늘날 세일즈에 대한 편견이 많이 사라졌다고 하지만 사람들의 무의식 속에는 여전히 무언가를 판다는 것에 대해 거부감을 갖고 있다. 그러나 미래의 인재는 팔 수 없다면 높은 가치 창조 그룹에 속하기 힘들 것으로 보인다. 두둑한 보상도 뒤따르지 않을 것이다. 앞으로 세일즈 능력은 전통적인 영역을 넘어서 광범위하게 확대되어 나갈 전망이다. 결국 세일즈와 전혀 관련 없는 분야에서 일하던 사람들까지도 세일즈 능력을 어떻게 키워 나가야 하는지 씨름할 수밖에 없을 것이다. 세일즈 분야에서 어느 정도 거리를 둘 수 있었던 프로페셔널 직업군에도 세일즈 능력의 중요성이 크게 부각될 것으로 보인다.

우선 어떤 일을 하든 세일즈에 대한 편견을 버려야 한다. 내가 갖고 있는 것을 어떻게 팔 수 있느냐는 생각에서 자유로워져야 한다. 세일즈란 자신의 상품이나 서비스를 고객에게 전달하고 이를 통해 대가와 가치를 교환하는 행위라고 할 수 있다. 이렇게 정의하면 세상 대부분의 활동이 좁은 의미에서의 세일즈나 넓은 의미에서의 세일즈에 해당한다는 것을 알 수 있다. 의사를 예로 들어 보자. 의사에게 세일즈라는 단어를 접목시키는 것이 적당하지 않다고 생각할수 있다. 그러나 달리 생각하면 의료 서비스를 통해 환자에게 치료와 안정감 등의 서비스를 제공하고 동시에 대가를 받는 행위라는 점에서 의료인 역시 의료 서비스라는 전문 서비스를 판매하는 세일즈맨이라고 볼 수 있다. 물론 이 같은 접근법에 대해 시장 만능주의나 저급한 장사꾼의 생각이라고 비난하는 사람도 있음을 부인하기 어렵다. 이 같은 접근법에 대해 전적으로 동의하기를 강요하는 것은 아니다. 다만 이런 식으로 접근할 수도 있다는 것을 참고해 주기를 바랄 뿐이다.

나는 강연할 기회가 자주 있다. 그때마다 나 자신을 기업체 강사라는 식으로 정의할 수도 있지만, 강연 시간이 90분 정도라면 그 시간에 자신의 비전, 꿈, 지식, 정보와 감동을 청중이라는 고객에게 판매하는 일종의 지식 세일즈맨이라고 정의할 수도 있다.

이런 시각을 갖게 되면 "더 잘 팔기 위해 무엇을 해야 하는가?"라는 질문을 자연스럽게 던지게 되고, 자신의 세일즈 과정을 하나의 시스템으로 인식해 최상의 시스템을 만들기 위해 어떻게 해야 하는지에 대한 답을 구하고 이를 실천하는 데 열심일 수 있다. 모든 일은 관점의 문제라는 말이 있듯 자신의 일을 어떻게 바라볼 것인가는 스스로 선택해야 할 일이다. 다만 분명한 것은 자신이 만든 상품이나 서비스가 아무리 훌륭해도 팔리지 않으면 소용이 없다는 점이다.

앞으로는 각 개인의 성과를 비교하는 일이 얼마든지 가능하다. 한 분야에서 앞서 가는 사람은 자신의 인기도를 반영하듯 얼마나 팔았는지를 두고 마치 스포츠맨의 성적을 비교하듯 혹은 음반 판매에서 순위를 정하듯 계속해서 비교가 이루어질 것이다. 이런 상황에서 일반 대중의 세일즈에 대한 편견이나 선입견은 사라지게 될 것이다. 의식이나 관념은 서서히 변해 가지만, 일단 그런 변화가 자리 잡게 되면 과거는 감쪽같이 잊어버리게 된다.

미래는 '모든 것을 파는 시대로 간다'라는 표현이 적합할 정도로 변모해 나갈 것이다. 따라서 상품이나 서비스를 판매하는 기술을 더 높은 수준으로 끌어올리기 위해 노력해야 하는 책임은 스스로가 져야 한다. 어떤 분야에 종사하든지 간에 가능하다면 젊은 날에 반드시 세일즈 현장을 경험해 보라고 권한다. 그 경험은 삶의 치열함에 대한 우리의 인식을 바꿔 주고, 삶의 과정에서 세일즈 능력을 업그레이드해 나가는 데 도움을 줄 것이다. 무엇인가를 팔아 본 경험은 전문가에게도 좋은 경험이 된다. 아이가 있다면 일찍부터 초보적인 세일즈 경험의 기회를 부모가 제공하는 것도 도움이 된다.

세일즈 능력은 경험을 통해 배우는 것이 좋지만, 처음에는 다른 사람의 간접경험을 통해 많은 부분을 배울 수 있다. 어떤 일을 하든지 간에 이런 활동 자체를 좋아해야 한다. '파는 것은 아름다운 것이다'라는 생각을 갖고 어떤 분야에서든 신화적인 기록을 남긴 사람들의 경험으로부터 나온 판매 방법이나 시스템에 깊은 관심을 가져야 한다. 간접경험을 통해서도 배울 수 있고, 때로는 판매 전문가의 판매 기법을 체계화한 조언에서도 배울 수 있다. 그러나 이 모든 것은 하나의 원재료에 불과하다. 자신만의 독특한 판매 시스템을 만들어 낼 수 있는지가 장기적으로 막강한 세일즈 능력을 갖추는 데 결정적 역할을 한다.

좋은 아이디어와 지식을 갖고 있지만 세일즈에서 미숙한 사람들을 자주 만난다. 그들은 선천적으로 그런 능력을 갖고 있지 않다기보다는 세일즈란 세일즈맨에게만 필요한 것이지 자신과는 별 관련이 없다고 생각한다. 그러나 좀 더 깊이 생각해 보면 자신의 아이디어와 기획력에 도움을 줄 수 있는 상사와 동료를 설득하기 위해 프레젠테이션을 하는 행위 자체도 넓은 의미의 세일즈다. 상대방을 설득하는 것은 자신의 지식과 계획을 판매하는 행위라고 보면 된다. 이런 점에서 '우리 모두는 세일즈맨이다' 라는 주장은 일리가 있다.

그런데 세일즈 능력의 신기한 점은 일단 고객이든 동료든 상사든 간에 무엇인가를 판매하는 자세로 대하게 되면 자신이 하고 있는 프로세스를 대충 넘기지 않고 잘 팔기 위해 지금 무엇을 해야 하는지 관심을 갖게 된다는 것이다. 이것은 대단한 의미를 갖고 있다. 관점을 바꿈으로써 더 잘하기 위해 무엇을 해야 할까 하는 시각으로 접근하도록 유도하기 때문이다.

무엇을 다루든지 간에 잘 팔 수 있는 능력을 최대한 끌어올려야 한다. 스스로 새로운 기회를 포착하고 문제 해결 능력을 키우는 것은 제조업으로 보면 상품을 만드는 과정에 비유할 수 있다. 그러나 만들어진 상품을 팔 수 없다면 잘 만드는 것이 무슨 의미가 있겠는가? 이런 점에서 우리는 세일즈 능력을 미래 인재의 핵심 조건에 넣지 않을 수 없다.

나는 누구든지 자신이 가진 상품이나 서비스는 얼마든지 팔 수 있다고 본다. 프레젠테이션을 앞두고 두려워하거나 고객 앞에서 우물쭈물하는 것은 자신의 상품이나 서비스에 대해 믿음이 부족하기 때문이다. 잘 아는 것은 자신감을 갖고 이야기할 수 있듯이 확신을 가진 것은 잘 팔 수 있다. 미래의 인재는 제대로 만들고 잘 팔 수 있는 능력을 갖추어야 한다. 무엇을 팔든지 간에 잘 팔 수 있는 능력을 갖추기 위해 노력하는 것은 우리의 신성한 사명임을 명심해야 한다. 특히 이런 면에서 세일즈와 전혀 인연이 없어 보이는 프로페셔널도 세일즈의 중요성에 대한 강한 각성이 필요하다.

10 영어 중심의 세계, 외국어 구사 능력을 갖춰라

10년 전 외환위기를 경험한 이후 도시의 거리 풍경은 크게 변했다. 다국적 기업의 프랜차이즈 상점의 입간판이 압도적인 우위를 차지하게 되었고 증권시장이나 기업의 주요 주주들 목록에서 외국인이 차지하는 비중도 크게 늘었다. 개인과 기업에 의한 해외 투자도 증가 추세다. 기업마다 정체 상태에 달한 성장 동력을 찾기 위해 적극적으로 해외시장 개척에 나서고 있다. 이런 추세는 지금부터 10년 후면 더 많이 진행되어 있을 것이다. '지구촌'이란 단어가 책 속의 용어가 아니라 점점 생활 속으로 파고들고 있다.

시회생활을 하는 사람이라면 자신이 구사할 수 있는 외국어, 특히 영어 구사 능력에 따라 승진과 보수가 결정된다는 사실을 알고 있을 것이다. 미래는 이런 상황이 더욱 진전될 전망이다. 어쩌면 외국어 구사 능력이 떨어지는 사람은 자신의 활동 영역이나 승진, 보수 면에서 평생 불이익을 감수하고 살아갈 수밖에 없을 것으로 보인다.

이런 변화를 가장 민감하게 알아차릴 수 있는 사람은 누구일까? 한국 사회에서 해외 문물에 상대적으로 노출이 잦고 교육 투자를 크게 늘릴 수 있는 여력을 가진 계층이 지금 어떤 선택을 내리고 있는지 보면 된다. 그냥 말로 하는 것이 아니라 실천으로 보여 주고 있으니 자신의 인생을 걸고 내리는 선택을 보면 미래의 흐름을 예상하는 일은 조금도 어렵지 않다. 영어 등 외국어 구사 능력이 가져다줄 수 있는 편익이 미래의 성공에 결정적인 조건 가운데 하나가 되어 간다는 사실을 느끼는 사람은 우리 사회의 상류층만이 아니다. 중상류층 자녀의 심화되는 조기 유학 역시 하나의 바람이 아니라 정보의 대중화 혹은 확산이란 측면에서 이해할 필요가 있다.

세상 변화에 대해 일부 계층에 속한 사람들만 갖고 있던 고급 정보가 점점 대중화되어 가고 있다. 그러나 제도 변화는 항상 더디게 이루어지게 마련이다. 다양한 사회 계층의 욕구를 골고루 반영해야 한다는 점에서 항상 느릴 수밖에 없다. 이런 점에서 형평성과 민족어에 대한 사랑은 당분간 한국 교육 제도의 변화에 커다란 걸림돌로 작용할 것이다. 그러나 시간이 지나면 모든 것은 무용지물이 된다는 사실을 알고 있기 때문에 학부모들은 누가 뭐라고 하더라도 자신의 판단에 따라 의사결정을 내리고 있다.

'영어 중심의 세계'는 직업인의 성공에서 유력한 무기 가운데 하나가 영어라는 사실을 보여준다. 기회, 승진, 보수, 출세, 성공 등의 모든 단어가 영어 구사 능력과 어느 정도 연결되어 있다고 보아도 무방하다. 어쩌면 미래에 성공을 원하는 직업인의 기본 토대에 해당한다고 말할 수 있다. 영어로 원활하게 소통할 수 있는 능력이 있다고 해서 프리미엄이 주어지는 것은 아니지만, 그런 능력이 없다면 심각한 결격 사유가 될 것이다.

물론 완전한 내수형 사업에 종사하는 사람들의 경우 예외가 되겠지만, 대학을 졸업하고 직업을 가져야 하는 대부분 사람에게는 해당되지 않는 이야기다. 대학을 마친 사람들이 소망하는 지식 근로자의 자리라면 어느 업종에서 무엇을 하든지 간에 영어의 위력은 더욱 커질 전망이다.

언어는 초기 투자가 중요하다. 사람들은 흔히 이를 두고 외국어 학습에는 결정적 시기라는 것이 있다고 말한다. 이는 결정적 시기 가설을 두고 하는 말이다. 사춘기 이전에 집중적으로 언어 배우기에 노출된 사람은 그만큼 효율적인 외국어 학습이 가능하다고 한다. 지금 부모들이 내리는 적극적인 선택으로 미루어 보면 현재 초 · 중 · 고등학교를 다니는 학생들 가운데 아무런 핸디캡 없이 영어를 구사하는 능력을 가진 사람이 크게 늘어날 전망이다. 미래 인재가 명심할 점은 영어가 일종의 도구와 수단이라는 것이다. 다른 사람을 설득하거나 권유하기 위한 도구나 수단을 영어라고 한다면, 이때 어떤 콘텐츠를 도구나 수단을 사용해 전달해야 한다. 여기서 콘텐츠란 무엇을 말하는가? 미래 인재가 갖추어야 할 다른 여러 가지 능력이다. 이들 능력 가운데 으뜸은 역시 문제 해결 능력이라고 말할 수 있다.

어떤 분야에서 자신만의 독특한 문제 해결 능력을 갖지 못한 사람에게 영어 능력은 단순히 다른 사람의 능력을 번역하거나 통역해 주는 번역사나 통역사 정도의 역할밖에 할 수 없다. 그러므로 영어 능력은 문제 해결 능력에 수반되는 것이라는 점을 반드시 기억할 필요가 있다. 우선순위를 두면 영어가 보조적인 의미를 갖고 있다는 점을 잊지 말아야 한다. 이따금 영어 능력 그 자체가 지나치게 강조되는데, 이는 주종이 뒤바뀐 것이다.

자신이 일하는 분야에서 독특한 문제 해결 능력을 소유한 사람이 영어라는 도구나 수단까지 자신의 것으로 만든다면 그 사람은 날개를 단 것에 비유할 수 있다. 그런 점에서 문제 해결 능력을 갈고 닦는 일, 이를 위해 다른 사람을 설득하는 데 필요한 주변 지식을 얻기 위한 독서 등은 대단히 중요하다.

때로는 그것을 잊어버린 사례를 접하게 된다. 이제 시장에서 조기 유학을 떠났던 첫 번째 세대의 활동을 지켜볼 수 있는 때가 되었다. 그들한테서 관찰되는 사항 가운데 하나는 원활한 영어 구사 능력은 갖추고 있지만, 자신의 분야에서 어느 정도의 문제 해결 능력을 갖추어 두각을 나타내는 경우가 드물다는 점이다. 이런 경우 그동안 이루어진 막대한 교육 투자 대비 얻을 수 있는 수익이 얼마 되지 않을 것이다.

영어 구사 능력은 그 자체보다 실제로 그런 능력이 빛을 발하기 위해서는 문제 해결 능력과 동전의 양면이 되어야 한다. 아마도 미래 인재에게 영어 구사 능력은 오래전 우리에게 필요했던 '운전면허증' 정도의 가치를 갖지 않을까 싶다. 물론 시간이 가면서 말이다.

나는 영어 교육을 전문으로 하는 사람이 아니어서 구체적인 방법을 제시할 수 있는 입장이 아니다. 다만 언어에 대한 투자는 투자의 효율성이란 면에서 일정한 시간이 경과하면 효과가 크게 떨어진다는 점 때문에 그 시기를 놓치지 않는 것이 중요하다고 본다. 최근 영어 사교육 시장에서 혁신을 거듭한 끝에 영어를 배울 수 있는 체계화된 시스템이 속속 등장하고 있는 것은 바람직한 현상이다. 이들 가운데 교사에 대한 의존도를 최대한 낮추고 시스템적 접근을 통해 스스로 영어 학습을 주도할 수 있는 방법을 눈여겨보게 된다.

　미래 인재는 자신의 활동 무대가 한반도에 그치지 않기를 바랄 것이다. 그리고 날로 좁아지는 세계에서 자신의 지식을 전 세계를 상대로 판매하고, 이를 통해 자신의 미래를 열어 가기를 바랄 것이다. 이런 점에서 모국어에 필적할 정도로 영어를 구사하는 능력을 갖출 수 있다면 빛나는 미래를 열 수 있는 기반을 갖추는 데 성공한 사람이라고 말할 수 있다. 명확해진 미래의 모습 가운데 아마도 영어 구사 능력을 누를 만한 것이 있을까 싶다. 제도는 항상 더디게 발전한다는 사실을 기억한다면 각자 알아서 갖추어야 할 미래 인재의 조건에 해당한다.

부가적으로 갖추어야 할 다섯 가지 능력

1

훈련하면 할수록 강해진다
실행 능력을 키워라

경쟁이 치열해지면 성과 만들기에 대한 중요성은 더욱 커진다. 풍부한 아이디어를 갖고 있는 인재도 필요하지만, 아이디어를 구상하는 것에만 머물러서는 안 된다. 직접 실천에 옮겨 결과를 만들어 낼 수 있는 능력, 이른바 실행력이 더욱 중요해진다. 아이디어를 구상하는 것과 실행력 사이에는 상당한 차이가 존재한다.

실행력은 감행할 수 있는 용기와 결단력, 실행 과정에 이르기까지 상당한 지구력이 요구된다. 이 세 가지 요소가 더해질 때 비로소 성과 창출이 가능하다. 실행력을 갖기 위해서는 전체적인 윤곽을 잡는 능력도 필요하지만 실천 과정에서 발생할 수 있는 세세한 부분, 즉 디테일한 면에도 강하지 않으면 실행력까지 연결되기 힘들다. 따라서 어떤 아이디어를 갖고 있다고 하더라도 실행으로 옮기려면 자기 확신을 가져야 하고, 시작 단계부터 끝나는 단계에 이르기까지 구체적인 흐름을 머릿속에 그릴 수 있어야만 앞을 향해 나아갈 수 있다.

　미래 인재의 성공 조건에 실행력은 빠질 수 없는 요소다. 정규 교육을 차근차근 밟는 과정에는 이른바 정답이 정해져 있다. 그러나 현실 세계에서 각자가 찾는 정답은 쉽게 찾아낼 수 없다. 꾸준한 노력과 때로는 시행착오를 통해 얻을 수 있다. 따라서 조그만 것이라도 실행에 옮기는 결단력과 추진력이 없으면 효과를 거둘 수 없다. 물론 교직처럼 학교생활이 사회생활과 바로 연결되는 경우는 예외가 되겠지만, 그 밖에 고객의 욕구와 수요를 만족시켜야 하는 현실에서는 자주 학교생활의 성과와 현실 세계의 성과 사이에 큰 격차가 생기기도 한다. 아마도 과거보다 현재, 현재보다 미래에 그런 격차가 더욱 커질 전망이다. 그것은 아는 것과 실천하는 것의 차이가 커지는 것을 뜻하기 때문이다. 때로는 모범생이 범하는 잦은 실수가 현실 세계에서 커다란 걸림돌이 될 수 있다. 틀 내에서만 사고하고 행동하기 때문이다. 주어진 틀을 벗어나는 것이 오랫동안 금기시된 상태에서 사람들은 자연히 방어적으로 행동하게 된다. 즉 정답이 아니라고 판단하면 움직이지 않는 것이다. 이런 측면에서 과거와 현재, 미래 사이에는 큰 차이가 존재할 것으로 보인다.

　그러므로 미래에 뛰어난 인재가 되려면 실행력을 키우기 위한 각별한 노력이 필요하다. 어떻게 노력하는 것이 좋을까? 분야마다 차이가 있겠지만 내 경험으로는 다음 몇 가지로 정리할 수 있다. 우선 주어진 문제의 해답을 찾는 과정에 대한 자신만의 독특한 관점을 재정립할 필요가 있다. 이는 정답은 바로 주어지는 것이 아니라는 사실을 기꺼이 받아들이는 것에서 출발한다. 그렇다면 어떻게 받아들이는 것이 올바른 선택일까? 찾아가는 과정과 그 과정에서 자신이 경험할 수밖에 없는 크고 작은 시행착오나 실수, 실패를 귀한 자산으로 받아들여야 한다. 이런 생각을 가지면 모든 것이 완벽한 상태에서 실천에 옮기는 것이 올바른 일이 아니며, 그런 태도로는 답을 얻을 수 없다는 것을 깨닫게 된다.

가능성이 조금이라도 있다면 큰 위험이 따르지 않는 한 실험해 보려는 도전 정신을 갖는 것이 중요하다. 그렇다고 해서 무조건 실행에 옮겨야 한다는 말은 아니다. 시도해 볼 만한 가치가 있지만 큰 비용이나 위험이 따르지 않는 것, 사람들이 성공 가능성에 대해 그다지 큰 비중을 두지 않는 것이라면 실천해 볼 수 있다.

실행력과 관련해 반드시 언급해야 할 중요한 부분은 미적거리지 않는 생활 습관이다. 이것저것 생각이나 공상을 많이 하면서 시간을 마냥 흘려보내지 않는 것도 실행력을 구성하는 중요한 습관이다. 'Do It Now' 라는 단순명료한 표현으로 나타낼 수 있듯이 '지금 해 보자' 라는 구호를 외치면서 실천에 옮기면 된다. 물론 실행력을 가진 사람은 생각하면서 행동해야 한다. 지나치게 궁리하면서 행동을 굼뜨게 하는 일은 피해야 한다. 이런 점에서 실행력은 행동 속도와 밀접한 관련이 있다. 'Just Do It Now' '지금 당장 해 봐' 라는 문장을 늘 기억하고 이에 따라 행동하는 것도 도움이 된다.

누군가 좋은 아이디어를 제시했다고 하자. 이때 실천 과정에서 걸림돌이 되는 부분 중에 무시할 수 없는 것이 얼마나 자신이 실용적인 사람인가 하는 점이다. 과거의 경험이나 지식, 정보에 지나친 믿음을 가진 사람은 새로운 것을 시도하는 데 문제가 있다. 과거가 자신에게 가져다준 것에 지나치게 의존적이지 않으면서 개척해 나가는 사람처럼 새로운 것을 언제라도 실험할 수 있는 정신이 필요하다.

실행력은 근육과 같아서 계속 훈련하면 그만큼 강해진다. 자신의 업무나 생활에서 만나는 다양한 과제에 미적거리지 말고 과감하게 차고 나갈 수 있는 것은 매번 용기가 필요한 일이 아니다. 그것은 일종의 습관이라고 할 수 있다. 작은 습관이 모여 제2의 천성이 된다는 말처럼 실행력 역시 작은 습관이 모여 굳건한 삶의 기초가 된다.

미래는 큰 변화를 내포하고 있다. 그만큼 위기와 기회의 부침이 심할 것이고, 그 과정에서 시간을 마냥 흘려보내며 합리적 대안이나 멋진 기회만 상상하는 사람이라면 그만큼 경쟁 대열에서 낙오될 가능성이 높다. 행동으로 보이면서 몸으로 밀어붙이면서 배움을 선택하는 사람이 멋진 결실을 거두게 될 것이다.

또한 실행력이 몸에 배어 있는 사람은 한두 번 자신의 실천을 통해 효과를 얻으면 그만큼 실행력이 가져오는 실질적인 도움이나 효력에 대한 확신을 갖게 된다. 그것은 단순히 읽음으로써 배우는 확신이나 믿음과는 차원이 다르다. 일단 실천을 통해 얻게 된 확신은 추진력을 가져오는 데 큰 역할을 한다.

실행력을 중시하는 미래 인재로 성장하게 된다면 개인적인 차원에만 그 효과가 머물러 있지 않는다. 자신이 이끄는 팀이나 단위 조직, 기업을 실행력을 중시하는 조직 문화로 탈바꿈시킬 수 있다. 이런 결과는 위대한 조직을 만드는 결정적인 요소 가운데 하나다.

한편 실행력이란 일종의 형식, 즉 물과 같은 물질을 담는 그릇에 비유할 수 있다. 어떤 그릇에 담느냐에 따라 내용물의 성격이 달라진다. 우유부단함의 그릇을 실행력의 그릇으로 대신함으로써 미래 인재가 갖추어야 할 다양한 조건을 더욱 충실히 갖춘 인재로 변모하게 될 것이다.

2 급변하는 시류에도 살아남자
확장하는 능력을 가꿔라

싱가포르 수상 리센룽은 한 인터뷰에서 "앞으로 싱가포르인들은 어떻게 스스로를 만들어 가야 하는가?"라는 질문에 이런 요지의 답을 한 적이 있다.

"시대가 어떻게 바뀌든지 간에 늘 투입 가능한 훌륭한 인재가 되어야 한다."

싱가포르 같은 도시국가를 이끄는 지도자라면 기업을 이끄는 최고경영자에 비유해도 무리가 없을 것이다. 그가 자국 국민의 미래상이 어떠해야 하는지를 간결하게 지적한 대목은 미래의 인재가 되기 위해 노력하는 사람이라면 꼭 새겨들을 만한 지적이다. 세상이 어떻게 바뀌든지 간에 늘 수요가 있는 인재가 되어야 한다는 말의 의미는 무엇일까?

한국의 대표적인 공업도시를 방문한 적이 있다. 내가 방문한 기업은 LCD와 PDP 관련 디스플레이를 생산하는 기업이었다. 담당자와 이런저런 이야기를 나누던 중에 그 기업의 모태에 해당하는 브라운관, 이른바 CRT 사업을 운용해 오던 사업체가 거의 정리 단계에 들어갔다는 이야기를 들었다.

"참 놀라운 일이지요. 그룹의 모태 기업이었고 거기서 번 돈으로 그룹이 성장해 오지 않았습니까. 하지만 기술 변화에 따라서 인도네시아 현지 공장을 제외한 브라운관 사업은 국내에서 거의 접게 되었습니다. 그곳에서 근무하던 사람들 가운데 엔지니어의 상당수가 다른 디스플레이 사업부로 흡수되기는 했지만, 생산직에 있던 대부분의 사람은 떠나게 되었습니다."

미래 인재는 자신의 능력과 관련해 확장성(확장 가능성)이란 부분을 어떻게 성장시킬 것인가에 큰 비중을 두어야 한다. 큰 틀에서 자신이 갖고 있는 지식의 라이프 사이클이 특정 산업의 라이프 사이클과 일치하지 않도록 해야 한다. 즉 어떤 변화 상황에서든 확장될 수 있는 가능성에 문을 열어 두고 그 확장의 대상이 될 수 있도록 노력해야 한다.

자신이 소유한 능력 중에서 가장 중요한 문제 해결 능력을 예로 들어보자. 기업이 특정 사업 부문을 중심으로 상품을 다각화해 나가는 것과 마찬가지로 개인 역시 자신의 문제 해결 능력의 적용 가능성을 확장시켜 나가야 한다. 그렇지 않으면 환경 변화에 따라 극심한 부침을 경험하게 되는 위험을 피할 수 없다. 그래서 환경 변화가 있어도 자신의 지식이 쓸모없는 지식으로 바뀌는 일을 적극적으로 방어할 수 있어야 한다.

비즈니스의 중요한 본질이 위험을 피하는 것이라면 개인이 자신의 전문 지식을 유지하고 발전시켜 나갈 때도 늘 위험을 관리하는 것에 관심을 가져야 한다. 그것은 자신의 핵심(코어) 지식을 중심으로 적용 가능성을 확장시켜 나가는 일을 계속 하는 과정에서 얻을 수 있는 또 하나의 능력이다. 물론 분야마다 울타리가 뚜렷하게 잡혀 있는 분야, 이를테면 대학 사회에서는 이런 부분이 별반 중요하지 않을 수도 있다. 물론 최근에는 학제 간 연구의 중요성으로 이 부분이 조금씩 주목받고 있지만, 여전히 핵심은 특정 분야에 전문화된 지식이라고 할 수 있다.

실물 분야로 넘어오게 되면 전문 지식만으로는 충분하지 않다. 그런데 이것은 정말 쉬운 일이 아니다. 개인이 가진 지식은 그 속성상 특정성을 강하게 지니고 있기 때문이다. 예를 들어 실물 분야에서 물건을 판매하는 것에 특별한 능력을 가진 한 세일즈맨을 가정해 보자. 자신의 분야에서 특별한 능력을 인정받는 사람이라면 그는 두 가지 선택을 할 수 있다. 자신이 오랫동안 다뤘던 물건 파는 일을 계속 할 것인지, 아니면 자신의 세일즈 경험을 다른 분야에 적용시킬 것인지 말이다.

단순히 물건을 파는 일보다 물건이나 서비스에 세일즈맨의 독특한 경험이나 가치를 더할 수 있는 컨설팅 성격의 세일즈 분야가 더 많은 수익을 창출할 수 있다고 가정해 보자. 이때 그 세일즈맨이 평소 자신의 분야만 최고라고 생각해 왔다면 다른 가능성에 좀처럼 눈을 돌릴 수 없을 것이다. 만약 그가 평소 세일즈를 하면서 세일즈 스킬을 향상시키기 위해 자신의 분야뿐 아니라 다른 분야의 세일즈 스킬에 관한 독서나 세미나를 하면서 성공담 등을 열심히 공부해 자신의 지식을 체계화시켜 왔다고 하자. 그는 모든 세일즈 능력의 본질은 같다는 결론을 내렸을 것이다. 무엇을 팔든 약간 조정을 하고 그 과정에서 따르는 위험을 감수한다면 더 많은 부를 안겨 주는 분야로 전직하는 일도 가능하다고 생각할 것이다.

결과적으로 그가 더 많은 가치를 지닌 아주 생소한 분야의 세일즈맨으로 전직했다고 하자. 그가 그 분야에서 오랫동안 일해 온 뛰어난 경험을 가진 세일즈맨에 비해 높은 성과를 만들어 내려면 어느 정도 시간이 걸릴 것이다. 그러나 한 분야에서 세일즈맨으로 원리를 터득한 사람은 오래지 않아 새로운 분야에서도 괄목할 만한 성과를 올릴 것이다. 이 세일즈맨은 새로운 분야에서 일하면서 자신이 오랫동안 일해 온 분야의 경험이나 지식이 엄청난 도움이 된다는 사실을 깨칠 것이다. 오히려 새로운 시각으로 새 분야에 접근했기 때문에 어느 누구도 상상할 수 없던 새로운 결실을 거둘 수도 있다.

　　일단 그는 세일즈라는 문제 해결 능력을 새로운 분야로 확장함으로써 능력의 확장성을 만들어 내는 데 성공했다. 그렇다면 이 세일즈맨의 행보는 여기서 멈추지 않을 것이다. 원한다면 두 분야의 경험을 토대로 자신의 경험을 책으로 쓸 수도 있고, 경험을 전수하기 위해 사내 교육에서 출발해 사외 교육의 강사로 나설 수도 있다. 물론 자신의 경험과 지식을 잡지나 신문 등에 기고할 수도 있다. 그러면서 자신의 경험을 좀 더 체계화할 필요를 느낀다면 학위 과정에 등록할 수도 있고, 아예 자신의 경험을 판매하는 강사로 전직할 수도 있다.

　　한 곳에 머물지 않고 자신의 지식이나 경험의 적용 가능성을 확장하는 일은 누구에게나 가능하다. 특히 이 일은 시장의 상황 변화가 극심한 시대에는 반드시 필요하다. 전문가들은 미래를 살아가는 지식 근로자들이 직업을 몇 번 전직하는 경험을 하게 될 것으로 내다본다. 그러나 여기서 이야기하는 전직은 완전히 새로운 분야에 뛰어드는 것을 의미한다고는 생각하지 않는다. 그것은 자신이 해 온 분야를 중심으로 지식의 확장 가능성을 크게 넓히는 것을 말한다.

나도 상황에 따라 어떤 변화가 오더라도 자신의 문제 해결 능력이 쓸모없는 지식으로 바뀌는 것을 피하기 위해 여력이 있는 한 전문 지식의 확장 가능성을 적극적으로 넓혀 가기 위해 노력할 것이다. 기존 작가들이 일반인을 위한 저작물에 머물고 있는 동안 초·중·고등학생을 위한 저서로 영역을 넓혀 가는 과정 역시 확장성의 증가라는 측면으로 이해할 수 있을 것이다. 물론 이처럼 확장성을 넓혀 가는 과정에서 얻게 되는 소득도 아주 크다. 기본을 바탕으로 적용 가능성을 넓혀 가게 되면 지식의 창조 과정에서도 강한 지적 자극을 받을 수 있기 때문이다.

적용성이란 확장 관점에서 보면 우리는 사업가와 똑같은 상황에 놓여 있다. 다가오는 위험에 적극적으로 대처하기 위해 어떻게든 다각화를 해 나가야 한다는 말이다. 물론 그런 와중에도 자신의 기본을 충실히 하는 일을 잊지 말아야 한다. 확장하는 가운데 기본을 잊어버리게 되면 그것은 또 다른 비극으로 연결되기 때문이다.

3 현실에 안주하지 마라
변화 수용 능력을 키워라

'변화 속도의 가속화'는 미래를 대표하는 단적인 표현이다. 특히 수많은 경제 주체가 저마다의 이익을 위해 달려가는 치열한 게임에서 변화의 속도는 개인이 어떻게 조절해 볼 도리가 없다. 이따금 이런 현상에 문제점을 지적하고 이를 통제하기 위해 특별한 노력이 필요하다고 주장하는 사람들이 있지만, 개인이 영향력을 행사할 수 있는 대상이 아니라고 생각한다. 그런데 미래 인재가 만나게 될 도전 과제는 이 속도가 점점 빨라질 전망이다.

미래 인재에게 주어진 과제는 어떻게 하면 이 속도에 자신을 맞출 수 있느냐는 점이다. 맞출 수 없다는 것은 시대 흐름에 뒤처진다는 의미로 직업인으로서의 가치를 상실하는 것을 뜻한다. 이따금 '느림의 미학'을 찬미하는 사람들이 있는데, 그들은 자신만의 속도에 맞춰 천천히 살아가는 '슬로 라이프'를 선택할 수 있다. 그러나 그들은 이런 선택에 대해 합당한 비용을 지불해야 한다. 물질적인 안락함이나 자신에 대한 자부심, 사회적인 존경심이나 직업적 성취감 대신에 느린 삶이 주는 효용에 더 가치를 두는 사람이 선택할 수 있는 한 가지 대안인데, 개인적으로 그리 권하고 싶지 않다. 그러나 자신이 선택하고자 한다면 얼마든지 갈 수 있는 길이다.

미래 인재는 시장과 고객의 흐름을 주시하면서 자신을 끊임없이 변화시켜야 한다. 아마도 직업적 성공을 원하는 대다수 인재가 필수적으로 갖추어야 할 능력 가운데 하나라고 할 수 있다. 변화하는 태도 이전에 마인드의 문제이자 관점의 문제라고 할 수 있다. 사람은 본능적으로 변화에 친화적이지 않다. 일단 변화가 상당한 심리적·육체적 에너지를 필요로 하기 때문이다. 간단한 예로 주말에 푹 쉬어야 하는데 의도적으로 무엇인가를 해야 한다고 생각해 보자. 이것 역시 변화의 일종이다.

그냥 쉬는 것은 디폴트 상태에서 얼마든지 가능하다. 기초대사를 유지하는 데 필요한 에너지 이외에 특별한 에너지가 필요하지 않기 때문이다. 그러나 독서를 한다든지, 아이를 데리고 어디를 가야 한다든지, 자기계발을 위해 의식적인 활동을 해야 한다면 이는 결심이라는 심리적 에너지 이외에 결심을 행동으로 옮기는 육체적 에너지를 필요로 한다. 상상해 보라. 느긋하게 시간을 보내고 싶은데 무엇인가를 해야 할 때의 불편함을 말이다.

변화란 이런 것이다. 단기적인 불편함이나 고통을 감내하고 미래를 위해 기꺼이 행해야 하는 의식적인 노력으로 이루어지는 것이 변화다. 미래 인재에게는 시장이나 고객으로부터 변화에 대한 요구가 더욱 거세질 전망이다. 시장과 고객의 욕구, 필요, 바람 등이 지금보다 훨씬 빠르게 바뀌기 때문이다.

예를 들어 과거에는 '패스트패션(fast fashion, 유행에 따라 빨리 바꾸어 내놓는 옷을 통틀어 이르는 말)'이 거의 존재하지 않았다. 명품의 경우 새로운 패션을 시장에 선보이는 데 1년 정도의 시간이 걸린다고 가정하면 패스트패션의 대명사인 유럽의 자라(ZARA) 브랜드는 매장에서 소비자의 수요를 즉각 파악해 디자이너에게 관련 제품을 의뢰하고 이를 상품화하는 데 4~8주 정도가 소요된다. 그래서 자라를 대표로 하는 유럽의 패스트패션은 급속히 유럽의 패션시장을 잠식하고 있을 뿐 아니라 미국을 비롯해 전 세계로 비즈니스 모델을 수출하고 있다.

그리고 이제 속도는 기업 경영의 중심 단어가 되어 가고 있다. 회사를 창업해 힘겹게 키워 가는 전통적인 방식이 오랫동안 기업 경영의 정석으로 통해 왔다. 그러나 지금은 어떤가? 필요한 자금을 조달해 원하는 기업을 사 버리면 된다. 사람들의 머릿속에서 정상과 비정상이 달라지고 있다. 시간이 더 걸리는 것은 어느 일이든 간에 비정상적인 활동으로 인식되고 있다. 이런 추세를 멈출 수 있는 가능성은 별로 없다. 오히려 변화의 속도는 점점 가속화될 전망이다. 그리고 전 세계는 이미 24시간 체제로 돌아가고 있으며, 이런 추세가 다시 뒤바뀔 가능성은 거의 없다.

그렇다면 이 같은 추세가 이를 주도하는 사람이나 고객에게 어떤 의미를 갖고 있느냐는 질문을 던지지 않을 수 없다. 그리고 시장과 고객의 변화 속도에 뒤처지지 않도록 지속적으로 자신을 변화시켜 나갈 수밖에 없다. 물론 변화의 대상은 자신이 직업인으로서 가치를 창출할 수 있는 능력이 되어야 한다. 이를 가능하게 하는 것은 스스로 변화를 기꺼이 수용할 수 있는 자발적인 마인드셋(mind-set)을 갖는 일이다. 이런 마인드셋은 스스로 변화를 주도할 수 있는 힘을 제공하는 큰 동인이 된다. 변화 친화적인 마인드셋을 갖고 있지 않다면 세월과 함께 나이가 들면서 점점 완고한 사람으로 변할 수밖에 없다. 이런 상황이 자신에게 일어난다면 미래 인재는 결정적인 성공 조건 가운데 하나를 상실하게 되는 셈이다. 제대로 된 마인드셋은 행동을 낳게 된다. 그러므로 변화에 대한 마인드셋이 제대로 정립되어 있지 않다면 다음 행동 역시 불가능하다.

그렇다면 미래 인재는 어떻게 변화를 기꺼이 수용하는 능력을 키울 수 있을까? 변화가 우선 삶과 세상살이에서 차지하는 의미를 정확하게 파악해야 한다. 그것은 피할 수 없는 자연법칙이다. 세상 만물은 그것이 생명체이든 무생물이든 간에 변화한다. 건물은 낡을 수밖에 없고 생명은 시간과 함께 늙어 갈 수밖에 없다. 그렇다면 주변을 둘러싸고 일어나는 변화를 자연스러운 삶의 일부분으로 받아들여야 한다. 자연스러움을 어떻게 정의할 것인가에 따라 변화를 보는 시각도 확연하게 달라진다. 정상이 변화라면 비정상은 변화하지 않는 것이 되어 버리기 때문이다. 이런 마인드셋으로 자신을 무장하지 않는 사람은 미래 인재로 성공할 가능성이 낮다.

이렇게 변화를 받아들이면서 세상의 통념도 조금씩 깰 수 있어야 한다. 어느 문화를 보더라도 강력한 구분은 연령이 기준이다. 연령이 어느 이상 되면 어떻다는 통념이 존재한다. 이를 테면 중년이 되면 어떻다는 그런 도식 말이다. 그런 도식으로부터 자유로워야 한다. 현직에 있는 동안 자신에게 주어진 어떤 변화도 기꺼이 수용할 수 있다는 생각과 함께 의식적으로 새로운 동향에 대해 젊은 세대보다 더 열심히 배워야 한다. 어쩌면 배움 이전에 신기하게 생각하고 대단하게 생각할 수 있는 경외감이 앞서야 할 것이다.

호기심을 갖고 세상의 변화를 대할 수 있다면 학습은 부담이 아니라 무엇인가 새로운 것을 찾아가는 과정이 된다. "이 나이에……"라는 생각을 버리고 현직에 머물거나 은퇴한 후에도 새로운 것에 스스로를 활짝 열어 두어야 한다. 이런 상태가 단순히 개인적인 기호나 즐거움에 그칠 수도 있지만, 직업적 성공이나 개인적 성장과 밀접하게 연결시킬 수 있다면 이보다 더 좋은 선택은 없다.

변화를 수용할 수 있는 능력은 평소 변화를 대하는 행동에도 도움이 된다. 조그만 변화도 자신뿐 아니라 주변을 바꾸는 데 활용할 수 있다면, 변화는 단순히 추상적인 의미에 머물지 않는다. 변화가 자신을 포함한 모두에게 큰 가치를 가져다준다고 생각하게 될 때 변화에 대한 확고한 믿음을 가질 수 있다. 변화는 항상 일정한 비용을 지불하도록 요구한다. 그러므로 변화를 당연한 일로 받아들이고 행함으로써 스스로 이익을 체험할 수 있는 경험을 가져야 한다. 따라서 변화를 수용하는 능력은 학습하는 능력과 동전의 양면이다. 변화하기 위해서는 '어디를 향해, 어떻게'라는 과제를 해결해야 하고, 이 과정에서 새로운 것을 배우는 일이 필수적이기 때문이다.

4 위험 감수 능력을 키워라
안전한 기회는 없다

그냥 한자리에 머물러 있으면 안정성을 보장할 수 없고, 큰 성장이나 발전을 기대하기가 어렵다. 모든 성취나 성공, 부의 축적은 적절한 리스크를 안고 행해지는 도전이 없다면 불가능하다. 미래에는 그런 경향이 더욱 강해질 전망이다. 그리고 새로운 기회가 더 많이 생겨날 것이다. 각 분야에는 좀처럼 뚫고 들어갈 수 없을 정도로 오랜 역사를 가진 굴지의 기업이 자리를 차지하고 있어서 외견상으로는 거의 틈새가 없는 것처럼 보일 수 있다. 그러나 그 속에도 새로운 기회를 만들어 내는 데 성공해 단시간에 엄청난 부를 축적한 기업이 속속 등장할 것으로 보인다. 특히 이들 기업은 개인의 두뇌로부터 나오는 새로운 콘셉트나 아이디어, 구상 등을 기초로 성공 스토리를 만들어 내게 될 것이다. 과거에는 엄청난 자본에서 경쟁력이 나왔다고 하면, 미래는 소수의 창의적인 인재로부터 경쟁력의 원천이 생겨나는 시대가 될 것이다.

기업의 경쟁력이 개개인의 능력에 더 크게 의존하게 된다면, 미래 인재에게 반드시 필요한 또 하나의 조건이 추가된다. 그것은 자신이 아는 범위 내에 안주하지 않고 기꺼이 위험을 감수하는 능력을 소유해야 한다는 점이다. 자신에게 익숙한 것을 과감히 벗어 던지고 새로운 것을 향해 나가려면 반드시 위험 감수 능력이 필요하다. '리스크 테이킹(risk-taking, 위험 감수)'이 없다면 어떤 성장이나 발전도 기대할 수 없다.

위험 감수 능력은 모범생들에게는 쉽지 않은 능력이다. 본래 학교 교육은 정형화된 길을 강조하기 때문에 모범생으로 오랜 기간을 보낸 사람은 큰 위험이 따르는 새로운 길을 모색하고 도전하는 데 익숙하지 않다. 따라서 좋은 학교에 다니면서 모범생으로서 이력서를 차근차근 채워 온 사람이라면 위험 감수 능력을 현업에서 스스로 익혀야 한다. 그것은 책을 읽고 글을 쓴다고 해서 얻을 수 있는 능력이 아니기 때문이다. 이런 점에서 위험 감수 능력은 어느 정도 타고난 부분이 있음을 부인할 수 없다. 사람마다 적절한 리스크가 얼마인지 받아들이는 정도가 다르다. 내가 경험한 바로는 성공한 사업가의 경우 후천적이라기보다는 선천적으로 리스크 테이킹을 자연스럽게 받아들인다. 그래서 어느 기업이라도 오너와 전문 경영인 사이에는 차이가 있게 마련이다.

미래 인재는 지금보다 훨씬 변화무쌍한 시대를 살아가게 된다. 그만큼 위험도 따르지만 기회도 많은 시대가 될 것이다. 게다가 성공 보수도 현저하게 높아질 전망이다. 이미 그런 추세가 진행 중이지만 기업 경영의 승패에 개인이 미치는 영향력이 점점 커지고 있기 때문이다. 과거에 비해 기업 경영자와 일반 직원의 보수에서 커다란 격차가 나는 것이 하나의 증거가 될 수 있다. 물론 보수 격차의 부당함에 대해 불만을 피력하는 사람도 있고, 이런 추세에 근본적인 수술이 필요하다고 주장하는 사람도 있다. 물론 이런 주장도 일부는 타당성이 있다. 그러나 기업 성과가 개인에게 의존하는 비중은 앞으로 더욱 증가할 전망이고, 성공 보수의 격차도 더 벌어질 것이다. 만약 조직이 그런 요구를 수용할 수 없다면 고급 인력은 자기 사업을 하거나 경쟁사로 옮겨 갈 것이다.

어떻게 하면 위험 감수 능력을 키울 수 있을까? 위험은 불안함과 초조함 같은 본능적인 거부감을 일으킨다. 이런 심리적인 저항감은 인간이라면 누구나 안정감을 유지하고 싶어 하기 때문에 생기는 것이다. 따라서 저항감의 실체를 정확하게 이해할 필요가 있다. 이는 새로움을 향해 한 걸음 내디딜 때면 누구나 경험하는 사실이라는 점을 인식해야 한다는 말이다. 아주 사소한 도전도 그런 심적 상태를 만들어 낸다. 새로운 상태로 나아가기 위해서는 이를 정상적인 것으로 받아들이고, 이런 감정을 감내하고 적절한 위험을 의식적으로 떠맡아야 한다는 사실을 자신에게 설득시켜야 한다.

자신을 설득하려면 논리적이고 객관적인 사실이 필요하다. 이는 '위험이 없으면 소득도 없다'는 격언으로 충분히 납득할 수 있다. 소박한 성취에 머무는 것에 만족하는 사람이라면 굳이 위험을 감내할 필요가 없다. 그러나 높은 목표를 가진 사람이라면 그에 따른 리스크를 인정해야 한다. 다른 선택은 없다. 선택하느냐 아니면 선택하지 않느냐가 있을 뿐 여기에 어중간한 중간 지대는 없다.

자신을 납득시킨 사람이라면 다음에 필요한 것은 리스크 테이킹이 과연 그렇게 할 만한 가치가 있는지 알아봐야 한다. 체험 이외에는 다른 방법은 없다. 도전해 보고 그 결과를 스스로 확인할 때 리스크 테이킹에 대한 확신을 가질 수 있다. 이런 확신을 가진 사람이라면 자신이 시도하는 모든 일이 크고 작은 리스크와 연결되어 있음을 깨닫게 된다.

다음으로 필요한 것은 스스로 리스크의 양을 가늠해 볼 수 있는 방법을 가졌는가 하는 점이다. 이때 계량화해 보는 습관은 도움이 된다. 이런 시도를 한다면 최악의 경우 어느 정도의 손해를 감수해야 하는가? 그럴 가능성이 얼마나 되는가? 그리고 보통의 경우 어느 정도의 손해를 감수해야 하고, 그 가능성은 얼마나 되는가를 새로운 시도 이전에 늘 확인해 보는 습관을 가져야 한다.

이런 방법이 어느 정도 효과적일 수는 있다. 그러나 위험을 얼마만큼 감수할 것인지는 자신이 어느 정도의 목표를 추구하는가를 분명히 하는 일에 크게 좌우된다. 그것은 전적으로 개인이 결정해야 할 문제다. 성장 목표를 높이 잡았다면 젊은 날부터 더 많은 리스크를 떠안을 수 있어야 하고, 더욱 도전적인 자세로 자신의 직업 세계를 개척해 가야 한다. 물론 정반대의 길을 선택할 수도 있다. 다른 사람이 안주한다고 비판하더라도 작은 성과에 만족하고 큰 성취는 아니지만 안정적인 수준에 머무는 데 만족한다면 이는 전적으로 자신이 결정할 문제이지 다른 사람이 참견할 문제가 아니라고 본다.

그러나 한 가지 분명한 사실은 미래는 부를 향한 질주의 시대가 될 것이라는 점이다. 지금도 황금만능주의시대라는 혹평을 받기는 하지만, 시대의 변화는 '모든 것은 부로 통한다' 라는 한마디로 정의 내릴 수 있을 정도로 다른 가치는 하위 가치로 내려앉게 될 것이다. 그런 점에서 상대적으로 작은 리스크를 선택하고 작은 성취에 만족하기로 결정한 사람들조차 주변 분위기에 영향을 받지 않을 수 없을 것이다. 사람들은 본래 자신이 속한 사회에서 자신과 상대를 비교하는 데 익숙해져 있기 때문이다. 다른 사람들이 낮은 기대와 낮은 성장의 삶을 살아가는 데 동참한다면 자신의 삶이 초라하게 느껴지지 않을 것이다. 그러나 대다수가 높은 기대와 높은 성장을 소망하는 삶의 방식을 선택한다면 웬만큼 강한 주관을 갖지 않고선 자신의 선택을 고집하기 어렵다. 그러므로 리스크 테이킹 능력에 관해 미래 인재가 어떤 선택을 내린다면 이 같은 시대의 추세를 상당 부분 고려해야 한다.

강요할 의도는 없지만, 나는 가능한 적절한 리스크를 과감하게 선택하면서 높은 고지를 향해 전진해 나가는 삶의 방식을 선택해 왔고 계속 그렇게 하려고 한다. 선택할 수 있는 자유가 많이 허용되는 시대가 될수록 낮은 성장과 낮은 기대로 긴 인생을 일관하기에는 삶이 너무 아깝다고 생각하기 때문이다. 미래 인재로 발돋움하길 원하는 사람이라면 스스로 위험에 대한 수용 능력을 갖추어야 한다.

서두를수록 더 좋다
미래 준비 능력을 키워라

현재의 성과와 미래의 역량 사이에서 균형을 유지해야 한다. 이는 미래의 불확실함에 대비해 착실히 준비해 나가야 한다는 말이다. 미래 준비는 자신이 가진 한정된 자원을 투자하는 활동이다. 무엇을 계발하기 위해 자신의 자원 중에서 얼마를 어떻게 투자할 것인가? 이런 종류의 의사결정만으로 미래 인재는 자신의 인생과 직업 세계에 관한 한 최고 경영자로서의 역할을 충실히 수행할 수 있어야 한다.

이런 일을 소홀히 한다면 중년과 노년에 어려움을 겪을 수도 있다. 미래를 제대로 준비하는 일에도 적절한 때가 있다. 40대 중반쯤 노안이 오고 신체 능력이 저하되는 것은 인간이라면 피할 수 없는 숙명이다. 따라서 한 인간이 미래를 집중적으로 준비할 수 있는 때는 30대와 40대에 걸친 시기일 것이다. 그 중에서 40대 중·후반까지는 가장 왕성하게 자신을 위해 집중적으로 투자할 수 있는 시기다.

그러면 시작은 언제부터 하는 것이 좋을까? 학창 시절부터 미래를 준비하기 위한 프로젝트가 본격적으로 시작되어야 한다. 결정적 시기를 놓친 사람들 가운데도 행운이 함께하고 시장이 요구하는 특별한 사업가적 자질로 인해 대단한 성공을 이룬 사람도 있지만, 평균적으로 보면 이런 경우는 예외적인 사례에 속한다.

그렇다면 미래 인재는 어떻게 미래를 준비하는 능력을 키워야 하는가? 미래 준비의 시작은 어디에 위치해 있건 자신의 현재 위치를 안정적으로 바라보지 않는 데서부터 출발한다. 안정적이지 않다는 이야기는 무엇인가? 그것은 미래의 변화에 관해 적절한 긴장감을 갖고 대할 필요가 있다는 뜻이다. 변화의 소용돌이 속에서 현재의 성과는 미래의 가능성을 보여줄 뿐 그 어떤 것도 확실하게 보장하지 않는다는 점을 겸허하게 받아들일 필요가 있다.

또 다른 관점은 균형이란 세상의 통념에 지나치게 휘둘릴 필요가 없다는 점을 들 수 있다. 자신의 직업 세계에 승부를 걸어야 할 30대 사람을 만나면 직업, 가정, 자녀, 개인 등을 분류해 두고 이 사이에서 어떻게 균형을 유지해야 하는가에 대한 질문을 자주 받는다. 물론 특정 시점을 중심으로 생활의 균형을 찾는 것에 관심을 가질 필요가 있다. 그러나 이런 식의 균형을 나는 미시적 균형이라고 이름 붙이고 싶다. 그것이 전부는 아니라는 뜻이다. 시야를 멀리 확장하여 자신의 인생 전체를 놓고 보면 미시적 균형은 부분적인 균형에 불과하다는 것을 깨닫게 된다.

미래 준비를 위해 자기계발을 하는 데 집중해야 할 때가 있고, 그렇게 해서 만들어진 과실을 즐기는 데 상당 시간을 보내야 할 때가 있다. 장기적으로 바라보면 단순히 미시적 균형만이 전부가 아님을 쉽게 알 수 있다. 이런 면에서 젊은 날에는 미래 인재라는 사실을 염두에 둔 채 반드시 자신이 어디쯤 와 있는가를 중심으로 균형의 개념을 이해하는 것이 좋다. 그렇지 않고 현재 시점을 중심으로 미시적 균형에만 집중하면 미래를 위한 투자에 자연히 소홀할 수밖에 없다. 대부분의 에너지가 현재의 성과를 만들어 내는 데만 투자될 가능성이 높기 때문이다.

오늘날 많은 직장인이 이런 딜레마에 빠져 있다. 모든 것은 생각하기 나름인데, 자신이 가진 고정관념의 틀을 깨지 않는 한 이 틀에서 쉽게 벗어나기 힘들다. 이렇게 해서 자신의 귀한 젊은 날을 그냥 날려 버린다면 마치 준비하지 못한 상태에서 공장을 짓는 것처럼 기반이 취약한 상태에서 길고 긴 인생 항해를 해야 하는 딱한 상태에 놓이게 된다.

미래 준비 능력은 이처럼 자신의 삶에 대한 강한 자각에서 나오지만, 막상 준비에 들어가게 되면 주변 사람들이 좀처럼 도와줄 수 없는 부분이 생긴다. 어떤 능력을 갖추어야 하느냐는 문제다. 실상 이 부분은 이 책이 다루는 중요한 내용이지만, 다양한 능력 모두를 골고루 가질 수는 없다. 다양한 능력 가운데서 어차피 선택을 하고 그것에 집중한다는 원칙에 따라야 한다. 집중적으로 투자해야 하는 능력이 있고 상대적으로 소홀하게 다루어도 무방한 능력이 있게 마련이다. 무엇에 투자할 것인가는 바로 기업가들이 만나게 되는 불확실함과 같은 상황이 일어난다는 것을 뜻한다. 투자한다고 해서 곧바로 수익이 나는 것이 아닌 것처럼 미래를 준비하는 능력 역시 가능성의 문제일 뿐 반드시 결과가 나오는 것은 아니다. 그렇다고 해서 미래 준비가 필요하지 않다는 이야기는 아니다. 이제까지의 추세로 미루어 보면 미래는 지금보다 더욱 격동적인 시대가 될 것이므로 준비에 따르는 불확실성이 크겠지만, 준비하지 못한 사람들이 지불해야 할 비용도 더욱 커질 것으로 예상되기 때문이다.

따라서 미래 변화에 대한 대체적인 모습이나 윤곽을 머릿속으로 그릴 수 있어야 하고, 이를 겨냥해 자신의 자원을 전략적으로 배치해야 한다. 지금 그런 것이 그려지지 않는다면 미래의 모습을 구체적으로 그리기 위해 계속 노력해야 한다.

미래 인재가 되고 싶다면 다소 과도하다고 부를 정도로 미래를 위한 준비가 이루어져야 한다고 본다. '과도한(over)'이란 단어는 의미상 그다지 바람직하지 않은 뜻을 지니고 있지만, 미래와 관련해서는 긍정적인 의미로 받아들일 수도 있다. 지나칠 정도로 투자하는 사람만이 그 투자가 서로 결합하면서 생겨나는 기회와 다른 능력을 수확할 수 있다. 미래 능력은 수학 공식으로 풀 수 있듯이 분명한 해답을 내놓지 않는다. 게다가 변수와 변수 사이의 상호 관계도 분명하지 않다.

예를 들어 투자 대비 수익은 확실한 상호 관계를 갖지 않는다. 따라서 유전을 찾는 사람들처럼 이곳저곳에 시추봉을 꽂는 것에 비유할 수 있다. 이런 노력이 꾸준하고 광범위하게 행해지다 보면 그 가운데서 가능성이 빛을 발하게 된다. 스스로 똑똑하다고 생각하는 인재라면 지나치게 계산적일 수 있다. 당장 눈앞에 나타나지 않는 결실과 눈으로 확인할 수 없는 결실을 위해 장기간에 걸쳐 얼마든지 다른 용도로 쓸 수 있는 자신의 재능을 사용하는 것은 웬만한 끈기를 갖지 않고선 불가능한 일이다.

미래 인재가 갖추어야 할 미래 준비 능력은 한 인간의 인생관과도 밀접하게 연결된다. 찰나적이고 시야가 짧은 사람의 두뇌 속에는 미래가 큰 비중을 차지하지 않는다. 이미 갖고 있는 현재를 충분히 즐기자는 주장이 강하다. 미래는 그때 가 봐서 일단 닥치게 될 때 고민하자고 생각한다. 이런 사람은 항상 찰나적으로 움직이게 된다. 그러나 미래를 준비해야 하는 것을 당연하게 여기는 사람이 있다. 이들은 언제나 미래를 전망하고 이에 걸맞은 투자를 하는 것이 선택 사항이 아니라 필수라고 생각한다. 선택과 필수 사이에는 상당한 간격이 존재한다.

　미래 인재가 되고자 한다면 자신이 갖고 있는 현재 자원 가운데 어느 정도를 미래를 위해 투자하고 있는지 늘 점검할 필요가 있다. 자기 나름의 독특한 방법을 사용할 수 있지만, 자신의 일과표에 미래 준비라는 코너를 하나 정도 만들어 두는 것도 좋은 방법이다. 매일이 아니더라도 규칙적으로 소중한 자원인 시간에서 어느 정도를 미래를 위한 준비에 투자하고 있는지 파악하는 일 또한 중요한 일 가운데 하나라고 할 수 있다. 그렇게 매번 확인할 수 있다는 사실만으로도 자신을 되돌아보고 더욱 노력하도록 자극을 줄 수 있다.

"좌 · 우뇌를 조화시키면서
우뇌형 재능을 강화하라!"

노스웨스턴 대학교에서 언어학을 전공하고 예일 대학교 법학과 대학원에서 법학 박사 학위를 받은 다니엘 핑크(Daniel Pink)는 1995~1997년 엘 고어 부통령의 수석 연설문 작성자였다. 노동부 장관 로버트 라이시의 보좌관과 상원의 경제정책 보좌관 등을 역임하기도 했지만, 정작 그에게 명성을 가져다준 것은 프리에이전트로 독립하고 나서 낸 책 『프리에이전트의 시대가 오고 있다』(2001)를 통해서다. 커다란 반향을 불러일으킨 이 책은 다양한 직업군의 사람들을 만나 심층 인터뷰를 진행한 결과다. 이 책은 '미국인의 노동과 생활 방식에서 나타나고 있는 혁명적 변화에 대한 기초적 차원의 견해'를 담았는데, 미국이 모든 표준의 결정에서 선도 위치를 차지하는 것을 고려한다면 미래의 노동과 생활 방식에 대한 전망서라고 말할 수 있다.

지난 10년간, 거의 모든 산업과 각종 분야에서 노동은 100년 전 미국인들이 농장을 떠나 공장으로 향했던 이래 가장 중요한 전환을 겪고 있다. 다른 나라에서도 점차 그런 경향이 뚜렷해지고 있지만, 수많은 미국인이 산업혁명의 가장 영구적인 유산 중 하나를 포기하고 있다. 바로 직업이다. 그리고 새로운 노동 방식을 찾아서 서서히 이동하고 있다. 그들은 지식 기반 자영업자, 재택 사업체 소유자, 임시직과 계약직, 프리랜서와 e-랜서, 독립 계약자와 독립 전문가, 초소형사업가와 정보사업자, 파트타임 상담직, 임시경영인, 통신상의 분쟁조정자, 그리고 풀타임 단독업자가 되어 가고 있다. 그리고 전통적인 고용의 개념보다는 프리에이전트의 정신에 보다 가까운 경우가 많다. [……]이러한 새로운 독립 노동자 집단을 이해하는 것이 바로 우리의 직업, 우리의 사업, 그리고 이 나라의 사회 경제적 미래를 이해하는 데 핵심적인 요소가 될 것이다. [……]

조직인간에서 프리에이전트로의 변화는 경제 구조 자체를 바꾸고 있다. 가장 심원한 변화라면 이것이다. 즉 경제력이 조직에서 개인으로 이전되고 있으며, 경제의 기본 단위가 조직이 아니라 개인이 되어 가고 있다는 것이다. 보다 간단히 말하면, 우리 모두는 '할리우드(Hollywood)'로 가고 있는 중이다. [……] 20세기의 후반세기 동안 펼쳐진 미국의 사회 경제적 생활을 이해하는 열쇠는 조직인간이었다. 21세기 전반에 새로이 등장한 상징적 인간상은 프리에이전트다. 그들은 거대 조직에 속박됨 없이 자기 스스로 정한 협약에 따라 일하는 독립 노동자로서, 한 사람의 보스를 위해서가 아니라 수많은 의뢰인과 소비자를 위해 일하는 사람들이다. 프리에이전트의 성장은 미국의 노동과 삶, 그리고 비즈니스에서 결코 무너지지 않을 것으로 생각되던 기존의 전제들을 산산조각 내고 있다.

『프리에이전트의 시대가 오고 있다』
(다니엘 핑크, 에코리브르, 2001, pp.25-26, 34, 43).

이처럼 직업 세계에서 일어나는 근본적 변화는 과거와 달리 미래의 인재가 무엇을 갖추어야 하는지에 대해서도 큰 변화를 요구한다. 다니엘 핑크는 그의 두 번째 책인 『새로운 미래가 온다』(2006)에서 미래 사회가 요구하는 여섯 가지 필수 재능을 구체적으로 제시한다. 이를 미래 인재가 갖추어야 할 여섯 가지 필수 조건이라고 이름 붙여도 무리가 없을 것이다. 우선 여섯 가지 트렌드의 저변을 결정하는 미래 사회의 메가트렌드 두 가지를 요약한 다음 '미래 인재의 여섯 가지 조건'을 제시하고 있다.

첫 번째 메가트렌드→ 좌·우뇌형 재능의 통합시대

시대의 변화가 좌뇌형 재능과 우뇌형 재능의 통합을 요구하고 있다. 산업화시대부터 정보화시대에 이르기까지 가치 창조에 크게 기여한 능력은 분석적이고, 논리적이고, 순차적이고, 기능적이며, 문자적인 성격을 지닌다. 흔히 이 같은 능력을 지닌 인재를 '좌뇌형 인재'라고 부른다. 반면에 종합적이고, 동시적이고, 문맥적이고, 심미적인 능력을 지닌 인재를 '우뇌형 인재'라고 부른다. 미래에도 여전히 좌뇌형 인재에 대한 수요가 존재하겠지만, 큰 성공을 바란다면 이런 능력만으로 충분하지 않다는 점을 알아야 한다. 다니엘 핑크는 "우뇌형(예술적이고, 초월적이며, 장기적 안목과 심리적 공감대를 형성하는 재능)에 따라 어떤 사람은 도약하고, 어떤 사람은 가라앉게 되는 경향이 점점 두드러지고 있다"라는 점을 강조한다. 따라서 이처럼 좌뇌형 능력과 우뇌형 능력을 적절히 조화시켜 인재가 갖추어야 할 조건을 '양쪽 뇌를 모두 사용하는 새로운 사고(A Whole New Mind)'라고 부른다.

그렇다면 우뇌형 재능의 중요성이 커지는 이유는 무엇일까? 다니엘 핑크는 풍요와 아시아의 부상, 자동화를 예로 들고 있다. 부가 축적되면서 사람들은 물건이나 서비스를 단순히 기능적인 목적으로만 요구하지 않는다. 그들은 자신에게 아름다움과 영적인 감동, 감각적인 기쁨을 줄 수 있는 상품이나 서비스에 돈을 사용하기를 원한다. 이런 가치를 만들어 낼 수 있는 것은 당연히 우뇌형 재능이다. 마찬가지로 아시아의 급속한 성장과 더불어 생활 필수재일 뿐 아니라 사치재를 구입할 수 있는 여유를 가진 글로벌 중산층이 대거 등장하게 될 것으로 보인다. 그렇다면 이들이 구매하려는 상품과 서비스는 당연히 기능 이외에 특별한 가치가 있어야 될 것이고, 이런 가치는 기존의 좌뇌형 재능에서 만들어질 수 없다.

그런데 이런 주장은 반드시 미국과 서구 유럽에만 해당되는 이야기가 아니다. 한국처럼 중진국(신흥공업국)에서도 제조업의 해외 이동으로 젊은 세대에겐 악몽과 같은 상황이 벌어지고 있으며, 이 같은 추세는 큰 이변이 없는 한 계속될 전망이다. 2007년 대학 졸업생 2명 가운데 1명 (졸업생 56만 명 중 48.7퍼센트)은 임시직을 전전하는 이른바 '88만 원 세대'라는 사실이다. 여기서 88만 원 세대는 20대 가운데 안정적인 직장에 들어가는 상위 5퍼센트를 제외한 나머지 사람들을 분리해 하나의 그룹으로 일컫는 용어다. 이들은 비정규직으로 평생 88만~119만 원 사이의 월급을 받으며 살아야 한다는 의미다. 88만 원이 산출된 근거는 비정규직 평균 임금 119만 원에 20대 급여의 평균 비율 74퍼센트를 곱한 수치로 파리에서 경제학을 공부한 우석훈 박사가 공저자인 박권일 씨와 함께 쓴 『88만원 세대』라는 책에서 나온 개념이다.

두 번째 메가트렌드→ 신사고가 필요한 하이콘셉트 시대

시대의 변화는 정보화시대에서 '하이콘셉트, 하이터치(개념과 감성시대)'로 나아가고 있다. 다니엘 핑크는 시대를 3막으로 분류하고 있다. 1막은 대량생산 노동자의 시대, 2막은 좌뇌형 재능을 갖춘 지식 근로자의 시대, 그리고 이제 막을 올리는 3막은 '하이콘셉트'의 시대다. 하이콘셉트의 시대를 주도하는 인재는 우뇌형 재능을 갖고 다른 사람들과 감정적인 공감대를 형성할 수 있는 재능을 소유한 사람이다. 하이콘셉트의 시대는 '양쪽 뇌를 모두 사용하는 새로운 사고'를 가진 인재를 요구한다. 그렇다면 하이콘셉트와 하이터치의 재능이란 어떤 것일까?

하이콘셉트에는 예술적, 감성적 아름다움을 창조하는 능력, 트렌드와 기회를 감지하는 능력, 훌륭한 스토리를 만들어 내는 능력, 언뜻 관계가 없어 보이는 아이디어들을 결합해 뛰어난 발명품을 만들어 내는 능력 등과 관계가 있다. 하이터치는 마음의 공감을 얻어 내는 능력, 인간관계의 미묘한 감정을 이해하는 능력, 어떤 사람의 개성에서 다른 사람을 즐겁게 해 주는 요소를 도출해 내는 능력, 평범한 일상에서 목표와 의미를 이끌어 내는 능력과 관계가 있다.

『새로운 미래가 온다』(다니엘 핑크, 한국경제신문사, 2006, p.75)

이런 새로운 환경 변화에서 기회를 만들어 내고 자신이 원하는 삶을 만들어 가는 인재상이 등장하게 되는데, 다니엘 핑크는 이것을 '미래 인재의 여섯 가지 조건'이라고 이름 붙였다. 디자인, 스토리, 조화, 공감대 형성, 유머, 의미 부여가 그것이다. 각각에 능력이란 이름을 붙인 것은 독자의 확실한 이해를 돕기 위해서다.

첫째, 디자인 능력이 필요하다

기능만으로는 충분치 않고 시각적 아름다움이나 심리적 행복감을 줄 수 있는 상품이나 서비스를 만들 수 있는 능력을 가져야 충분한 경제적 보상을 누릴 수 있다. 직업인에게 디자인은 '문제를 정의하고, 문제 해결의 가능성을 모색하고, 이를 토대로 문제 해결 방법을 생각해 내는 능력의 일부분'이라고 볼 수 있다. 그러므로 여기서 디자인은 디자인적

사고 능력이라고 대체해도 무방하다. 미래 인재는 디자인 능력, 즉 디
자인적 사고 능력으로 무장해야 자신과 타인을 차별화할 수 있고 동시
에 비즈니스 세계에서 새로운 기회를 만들 수 있다.

둘째, 스토리 창조 능력이 필요하다

정보 홍수 시대에 단순히 강력한 주장만으로는 충분하지 않다. 상대
방이 자신의 상품이나 서비스, 의견에 관심을 갖고 집중하도록 만들기
위해 우선 관심을 끌 수 있어야 한다. 딱딱한 주장이나 증거 자료만으
로는 관심을 끌 수도 설득할 수도 없다. 사람들은 풍부한 감정과 사례
가 녹아 들어가 있고 자신과 공감을 이룰 수 있는 그런 스토리를 좋아
한다. 자신의 주장과 이론, 논리에 스토리를 덧칠할 수 있는 능력은 미
래 인재가 성공할 수 있는 필수 조건이다.

셋째, 조화 능력이 필요하다

과거의 지식 근로자는 전문화하는 것만으로 충분했지만, 미래의 인
재는 전문화에 여러 요소를 결합해 새로운 것을 만들어 내는 조화 능력
을 가져야 한다. 여기서 조화 능력은 우뇌적 재능을 말한다. 다니엘 핑
크가 정의하는 조화 능력은 자신의 분야뿐 아니라 다른 분야의 지식까
지 더해 새로운 의미를 만들고 새로운 것을 창조하는 조합 능력을 확장
한 개념으로 이해할 수 있다. 나는 조합(combination) 능력을 중요하게
여기는데, 다니엘의 확장된 개념도 엇비슷한 개념으로 이해할 수 있다.

내가 조화라고 부르는 능력은 작은 조각들을 결합하는 능력이다. 이는 분석보다는 종합하는 능력이고, 이종(異種) 간의 관계를 발견하는 능력이다. 특정한 해답을 전하기보다는 폭넓은 패턴을 감지하는 능력이고, 누구도 결합할 생각을 하지 못했던 요소들을 한곳에 결합해 뭔가 새로운 것을 창조해 내는 능력이다. [……] 후기 정보화 시대에 성공을 꿈꾸는 사람이라면 다양하고 독립된 분야 사이의 관계를 이해해야 한다. 뭔가 새로운 것을 만들어 내기 위해서는 연관성이 없어 보이는 요소들을 연결하는 방법을 알아야 한다.

『새로운 미래가 온다』(다니엘 핑크, 한국경제신문사, 2006, pp.140,146).

넷째, 공감 능력이 필요하다

치밀한 논리적 사고 능력만 갖고는 경쟁자들과 자신을 차별화하기 힘들다. 무엇인가 특별한 능력을 가져야 한다. 그 가운데 하나가 동료의 마음을 살 수 있는 능력, 고객의 호감을 살 수 있는 능력, 고객의 마음을 읽을 수 있는 능력이다. 특히 직책에 관계없이 팀 단위의 공동 작업이 빈번하게 이루어지는 상황을 가정한다면 누구든지 리더십을 갖추어야 하고, 그런 리더십의 필수적 요건은 타인과 공감하는 능력이라고 할 수 있다. 다니엘 핑크는 공감의 능력을 "21세기 노동시장에서 생존하는 데 필요한 작업적 기술 이상의 의미를 갖고 있다"라고 평가한다. 무엇인가를 적극적으로 팔아야 살아갈 수 있으므로 고객의 상황과 처리, 감정을 직관적으로 이해하고 그들의 입장이 될 수 있는 능력을 가져야 성공할 수 있다. 공감을 얻어 내야 다른 사람이 진정으로 원하는 것을 제공할 수 있다.

다섯째, 놀이 능력이 필요하다

산업화시대는 진지함과 엄격함이 지배했지만, 미래 사회는 즐거움과 유쾌함을 만들어 내는 능력 자체가 경쟁력이 되는 시대다. 이런 능력은 놀이를 통해 만들어지고 드러나는데, 몰입과 창조 분야에서 걸출한 성과를 낳은 미하이 칙센트미하이 교수는 "놀이를 좋아하는 명랑한 태도는 창조적인 사람의 특징이다"라고 말한다.

여섯째, 의미 부여 능력이 필요하다

먹을 것이 부족했던 시대에는 먹고 살기 위해 일할 수밖에 없었다. 풍요로움 속에서 자신의 일을 즐기고 미래를 준비하는 능력은 어떻게 만들어질까? 어느 누구도 제공할 수 없는 한 가지 재능이 필요하다. 그것은 일할 때나 누구를 만날 때나 소일거리를 할 때나 자신이 하고 있는 일에서 자신만의 고유한 '의미(meaning)'를 찾아 부여하고 자신을 설득할 수 있는 재능이다. 그래서 다니엘 핑크는 '의미를 부여하는 능력을 미래 인재의 필수적인 재능'의 하나로 손꼽는다. 현재 무슨 일을 하든지 간에 "이것은 나에게 어떤 의미를 갖는가"라는 질문과 스스로 의미를 만들어 낼 수 있는 능력을 가져야 한다. 즐겁고 유쾌하게 높은 성과를 거둘 수 있도록 돕는 능력 가운데 하나다.

성공적인
자기계발을 위한
다섯 가지 조언

어떻게 잘 되겠지……, 치열한 경쟁 사회에서 이보다 안일한 생각은 없다. 자기 계발을 성공적으로 이끌기 위해서는 1년, 3년, 10년 단위로 이번 삶을 살아야 할지 구체적인 윤곽을 짜는 게 첫째다. 다수가 준비한다고 부조건 뒤따르는 일도 금물이다. 일가를 이룬 사람들의 성공담도 중요하지만 세상에 알려지지 않은 실패담에 귀를 기울이는 일에 더 공을 들여야 한다. 자기 계발을 성공적으로 하기 위해 어떤 노력이 필요할까?

4

01 머릿속에 항상 자신만의 성장 궤도를 그리라

구체적 시간 단위로 끊어 생각하라

'어떻게 잘 되겠지' 라는 생각은 금물이다. 뚜렷한 목표를 가지고 자신에게 투자하지 않는데, 어떻게 잘 될 수 있겠는가? 막연한 낙관론은 정신 건강에 도움이 될 수 있을지 모르지만, 미래를 준비하는 데 별로 도움이 되지 않는다. 1년, 3년, 5년, 10년 단위로 어떤 삶을 살아가야 하는지, 어떻게 해야 소망하는 삶을 살아갈 수 있는지에 대한 생각을 줄기차게 해야 한다. 시간이 날 때 한두 번 해 보는 정도가 아니라 항상 머리 한쪽에 그런 질문에 대한 고민이 진행 중이어야 한다. 이상적인 상태는 미래에 대한 전체적인 윤곽을 갖는 것이고, 이것이 가능하지 않다면 뚜렷한 방향성이라도 갖고 있어야 한다.

이런 의미에서 이 책이 도움이 되기를 바란다. 그러나 내가 쓴 책들은 결국 우리의 생각을 만들어 내기 위한, 혹은 우리에게 그런 자각의 순간이나 시간을 제공하기 위한 원료일 뿐이다. 이런 원료를 조합해서 우리의 생각을 만들어 내야 한다. 물론 주변의 친구나 지인, 전문가에게 조언을 구하는 것도 도움이 될 수 있다. 그러나 그것 역시 하나의 참고 자료나 자신의 생각을 만들어 내기 위한 원료일 뿐이다.

우리는 스스로 독자적인 생각을 할 수 있어야 한다. 구체적으로 1년, 3년, 5년, 10년 후에는 어떤 인재가 되어야 하고, 그런 인재는 어떤 조건을 갖추어야 하고, 그것을 위해 지금 무엇을 준비해야 하는가에 대한 뚜렷한 생각이 정리되어야 한다. 그냥 세월을 흘려보내다가 어느 시점, 예를 들면 40세를 목전에 둔 시점에서야 "내가 지금 무엇을 하고 있지" "내가 이제까지 무엇을 한 거지"라는 당혹함과 자괴감에 빠져 들지 않도록 해야 한다.

빠르면 빠를수록 좋다. 대학에 다니고 있거나 입사한 지 얼마 되지 않았다면 당연히 미래를 향한 자신만의 생각을 만들 수 있어야 한다. 미래라는 시간 범위를 머릿속에 넣은 채 어느 시점마다 도달해야 할 일정한 성장 궤적을 그릴 수 있어야 한다. 잘 정리된 블루프린트를 갖고 있다면 좋은 일이다. 남들은 그렇게 하지 않는데 하며 위안을 삼아서는 안 된다. 세월과 함께 모든 것은 변화하고 다른 사람들은 결국 모두 떠나가지만, 자신만은 늘 함께하기 때문이다. 자기 생각 없이 살아가는 일이야말로 미래 준비에 치명적인 약점이다. 생각을 머리에 넣어 두기만 한다면 수시로 바뀌게 되어 오히려 혼란만 더해질 뿐이다. 생각을 흰 종이 위에 쏟아 내어 깔끔하게 정리해 두어야 한다.

대다수가 가는 길을 무조건 뒤따르지 마라

무리해선 안 된다. 보통 사람은 투자할 때도 여럿이 투자한 곳에 함께 투자하면서 안심한다. 다른 사람과 엇비슷한 판단을 내렸다는 사실에 편안함을 느끼는 것이다. 이때 가져야 할 분명한 생각은 다수가 가는 길이 늘 올바른 길은 아니라는 점이다. 어쩌면 다수가 선택하는 길은 평균 수익률 이상을 거두기 어려울 수도 있다. 우리가 주목해야 하는 분야는 지금 다른 사람들은 별로 관심을 갖지 않지만, 장기적으로 커다란 가치를 가져다줄 수 있는 분야가 되어야 한다. 이런 분야는 다수결로 선택할 수 있는 것이 아니다.

다수가 가는 길을 무작정 따라가지 않으려면 든든한 배경이 있어야 한다. 이런 배경은 연구 조사에서 얻을 수 있다. 우리 앞에 선택 가능한 많은 가능성을 몇 개의 길로 축소해 보라. 그 다음에 이들 각각의 선택이 가져올 수 있는 수익과 위험을 철저하게 조사하고 연구하라. 이런 조사 과정에서 우리는 나름대로 어떤 길을 선택해야 하는지에 대한 막연한 믿음 내지 굳건한 확신을 가질 수 있다. 아는 만큼 믿음과 확신이 생겨나게 된다. 아는 만큼 다수가 가는 길과 다른 길을 선택하더라도 불안하지 않다. 주식이나 부동산에 투자하는 것이나 인생에 투자하는 것이나 원리는 같다. 한창 인기를 끌고 있는 주식을 사는 일은 누구나 할 수 있다. 그러나 대다수가 유망하다고 눈치 채지 못한 분야에 일찍부터 관심을 갖고 투자할 수 있느냐가 성공 여부를 결정한다. 미래를 준비하는 일도 마찬가지다. 모두가 외면하고 인기가 없다고 생각하는 분야에도 관심을 가져 보라.

한마디로 남들이 모두 원하고 선택하는 곳에서는 더 이상 초과 이익을 올릴 가능성이 낮아진다는 사실을 꼭 기억하라. 자신만의 길을 어떻게 개척해 나갈 것인지를 늘 고민하라. 예를 들어 인기 사회자로 우뚝 선 강호동 씨가 씨름판에 계속 머물렀다면 그는 이미 잊힌 인물이 되었을 것이다. 그는 씨름 선수로서 블루오션을 개척하는 데 완전히 성공한 인물이다. 당시 대다수 사람은 그의 전직에 대해 어떤 반응을 보였는가? 비난 일색이었다. "어떻게 씨름 선수가 명예를 버리고 그렇게 할 수 있나"라는 부정적인 반응이 압도적이었다. 정도의 차이는 있을지 모르지만, 이것은 다수와 반대의 길을 선택하는 사람들이 당면하게 되는 현실이다. 그러나 지금은 어떤가? 결국 다른 사람들은 모두 스쳐 지나가 버리고 말았지만 자신은 남게 되었다. 놀라운 사실은 이런 사실에도 불구하고 자신의 미래에 대해 조사 작업을 진지하게 행하는 사람이 흔하지 않다는 점이다. 대다수 사람은 남들이 가는 길을 그냥 따라가고 있을 뿐이다.

성공 사례와 롤 모델을 항상 주시하라

평소 자신만의 길을 찾아서 미래를 성공적으로 개척하고 있는 사람을 눈여겨보라. 운이 좋다면 직접 주변에서 지켜볼 수도 있다. 동료나 선배들 가운데 모범 사례를 찾을 수 있다면 큰 도움이 된다. 직접적인 사례를 만날 수 없다면 잡지나 신문, 책 등에서 미래 준비에 도움이 될 만한 사례를 찾아야 한다. 막연하지만 이런저런 선택 등을 갖고 꾸준하게 생각을 다듬어 간다면, 자신이 원하는 모범 사례를 찾아낼 가능성이 한층 높아진다. 참조할 만한 경력 관리의 사례를 찾아내는 것도 일종의 '감각(sense)'이다. 이런 감각은 처음부터 생기는 것이 아니라 꾸준히 관심을 갖는 데서부터 조금씩 생겨난다.

잡지나 신문, 책을 읽다가 적절한 사례를 만나면 그냥 한 번 읽어 보는 수준에 그쳐서는 안 된다. 이들 사례에 대한 추가적인 정보를 모을 수 있어야 한다. 일단 기사화된 정보는 검색하여 보관해 두는 것이 좋다. 그 주인공을 만날 수 있다면 잠시라도 그의 이야기를 들어 볼 기회를 가져라. 그때도 사전 조사를 통해 선택을 내린 배경과 현주소, 미래 전망 같은 주인공한테서 알고 싶은 질문을 메모해서 만나도록 한다.

지그 지글러(Zig Zigler)는 동기부여 분야의 뛰어난 강연자이자 저술가다. 그 역시 그냥 성과가 뛰어난 세일즈맨으로서 생을 마칠 수도 있었다. 25세가 되던 1950년 무렵 세일즈맨으로 활동하던 중 성취동기 강연자인 밥 베일즈(Bob Bales)와의 우연한 만남이 그의 미래 준비에 결정적인 역할을 하게 된다. 베일즈와 같은 삶도 괜찮겠다고 생각한 지글러 부부는 그에게 어렵게 저녁 식사를 함께 하자고 청하게 된다. 그때 지그 지글러가 '저 분은 정말 좋겠다' '저런 삶도 괜찮겠구나' 라는 수동적인 생각을 가졌다면 그는 인생을 완전히 바꿀 기회를 흘려보냈을 수도 있다. 그러나 그는 베일즈를 저녁 식사에 정중하게 초대했고, 그곳에서 강연자의 삶에 대한 이야기를 들었다. 베일즈는 지그 지글러가 그런 시장에 뛰어들기에는 아직 나이가 젊어서 세일즈 분야에서 일단 신화를 만들어 보고 어느 정도 시간이 지난 다음에 자신과 같은 길을 걸으라고 조언한다. 그 조언이 지그 지글러의 미래 준비에 얼마나 귀한 정보이자 자극이 되었겠는가! 어쩌면 그런 기회가 오늘 우리에게도 다가올 수 있다. 그러니 이를 받을 준비가 되어 있어야 한다.

자신만의 독특한 미래를 준비한다고 해서 하늘 아래 완전히 새로운 것을 기대할 수는 없다. 그리고 그것을 기대해서도 안 된다. 자신이 선택하려는 분야에서 이미 엇비슷한 길을 걸어가는 사람들의 장점과 약점을 충분히 파악하면 시행착오를 줄이고 실패 가능성을 크게 낮출 수 있다. 이때도 자신이 원하는 길을 먼저 가는 모범 사례를 그냥 '복사' 하는 데 머물러서는 안 된다. 독특한 '그 무엇' 을 찾아낼 수 있어야 한다. 그러기 위해 필요한 것이 원재료이고, 그 원재료에 해당하는 것이 관심을 가진 분야에서 이미 멋진 경력을 만들어 가는 사람이라고 할 수 있다. 어느 날 갑자기 지금부터 시작하겠다고 결심할 것이 아니라 평소 다양한 가능성을 염두에 두고 각각의 선택에서 대표적인 인물이 누가 있는지, 그들이 가진 장점과 약점을 면밀히 따져 보는 일부터 시작해야 한다.

20대, 어릴수록 일찍 시작하라

미래 준비는 일찍 시작할수록 좋다. 그만큼 준비할 수 있는 충분한 시간을 가질 수 있기 때문이다. 안타까운 사례 가운데 하나가 준비할 수 있는 시간을 갖지 못한 사람들이다. 귀한 시간을 흘려보내 버린 다음 늦은 나이에야 '이래선 안 되겠다'고 느끼는 사람들은 그만큼 준비할 수 있는 시간이 부족하기 때문에 곤란을 겪게 된다. 그러나 스스로 늦은 시점이라는 생각이 들더라도 포기해선 안 된다. 흔하진 않지만 뒤늦은 깨달음 끝에 밀도 있는 시간 관리로 인생 역전에 성공한 사람이 있기 때문이다. 이르면 이를수록 좋지만 언제든 '이래선 안 되겠다'는 깨달음의 시간을 갖는 것은 인생을 사는 동안 귀한 경험 가운데 하나다.

지금 대학을 다니고 있거나 직장 초년생이라면 가장 좋다. 30대라도 문제는 없다. 그때부터 자신의 미래와 어떤 길을 걸어갈 것인지를 생각하고 로드맵을 그려 보는 일은 이상적이다. 그러나 많은 사람이 뚜렷한 자기 생각 없이 지내다가 40세를 목전에 둔 시점에서 갑자기 큰 벽을 느끼고 당황한다. 미래 준비의 적기에 해당하는 20대, 30대의 소중한 시기에 특별한 목표점을 갖지 않고 그냥 남들처럼 살아온 경우에는 문제가 발생한다. 더욱 어려운 경우는 직장을 떠나야 하는 50대 중반 정도가 되어서야 자신이 별다른 것을 준비하지 못하고 있음을 알아차렸을 때다.

지금 나이가 어느 정도인지, 하는 일이 무엇인지에 관계없이 미래 준비는 일찍 시작하는 것이 최상이라는 점을 기억하고 실천해야 한다. 이런 깨달음이 모두에게 주어지는 것은 아니지만, 가능한 그런 깨달음을 스스로 얻어 내기 위해 자신에게 기회를 주어야 한다. 세상 변화에 대한 새로운 정보를 늘 접하고 이런 것이 자신에게 무엇을 의미하는지 그 연관 관계를 찾아봐야 한다. 매사가 평안하게 느껴질 때면 편안한 이유가 뭔지를 스스로에게 물어보고, 적절한 긴장을 자신에게 불어넣을 필요가 있다. 학교를 막 졸업하고 직장 생활을 시작해서 10~20년의 시간을 그냥 남들이 하는 정도의 노력에다 남들이 하는 식의 라이프스타일을 갖고 살아선 곤란하다. 그런 선택을 할 경우 미래 준비를 제대로 해내기 힘들다. 그냥 평범한 생활인으로 머물고 마는 길을 선택한다면 문제가 없겠지만 말이다. 그러나 평범한 길을 선택하는 것 역시 길고 긴 인생에서 보면 후회와 불편함을 낳는다.

02 젊음의 에너지를 한곳으로 투자하라

미리 배우고 알고 투자하라

미래에셋그룹의 박현주 회장이 자신의 투자 철학에 대해 이야기한 적이 있다. 1990년대 초 자기 돈과 주변 사람들의 돈을 모아 그림에 20억 원 정도 투자한 경험담이다. 투자 이후에 10년이 지난 다음에야 원금을 겨우 회복할 정도가 되었는데, 그는 그때 경험을 이렇게 전한다.

그때 배운 게 있습니다. 잘 모르는 데 투자하면 안 된다는 것입니다. 그림 애호가들이 그림을 소장하고 싶어 하는 마음은 존중하고 또 존경합니다. 그러나 돈벌이로 그림 투자를 하면 안 됩니다. 왜냐하면 그림은 객관적인 데이터가 없습니다. '예술품'이잖아요. 가격 데이터가 있다고 하지만, 가격은 데이터가 아니에요. 그렇게 투자해서는 안 되는 곳을 정확히 판단해야 하는 것이 저의 투자 철학입니다.

「모르는 곳에 투자하지 마라」(박현주, 『조선일보』, 2007. 10. 13).

돈은 다시 벌면 되지만, 이미 투입한 시간과 에너지는 회수하기가 불가능하다. 물론 박 회장이 지적한 대로 "잘 모르는 데 투자하면 안 된다"는 교훈을 배우기는 했지만, 교훈치고는 비용이 너무 많이 들어간 배움이다.

미래의 경력을 어떻게 관리할 것인가라는 과제를 수행할 때도 전혀 모르는 분야에 한 번 정도 해 본다는 식으로 젊은 날을 투자하는 것은 무척 신중해야 한다. 투자의 달인으로 불리는 워렌 버핏의 투자 원리 중 빼놓을 수 없는 것이 "자신이 잘 아는 종목에만 투자한다"는 것이다. 어떤 사람은 "그것이야말로 그가 성공을 거둔 가장 중요한 열쇠일 것이다"라고 말하기도 한다. 그러나 세상을 살다 보면 이런저런 유혹이 따른다. 지인, 선후배 등 여러 사람이 이곳저곳에 투자를 권하는 것처럼 전직을 권할 때가 있다. 경력 관리에서 전체 로드맵상 의미가 있는 분야로 전직해 자신의 경력을 옮겨 보는 일은 도움이 될 수 있을지 모르지만, 금전적인 이득이나 단순히 대박의 가능성과 명성 등 이제까지 생각하지 못했던 이유를 근거로 자기 경력의 중요한 부분을 빼놓는 잘못을 범해서는 안 된다. 잘 모르는 분야에 뛰어들어 미미한 손실 정도에 그치면 다행이겠지만, 치명적인 손실로 재기에 실패하는 경우도 있다.

"이제 더 이상 기회가 없다"는 말로 자신의 경력에 영향을 미치려는 사람이 있다면 "크고 작은 기회는 늘 찾아온다"라는 말을 기억하고 그런 권유에 휘둘리지 않아야 한다. 잘 알아본 다음에 자신의 젊음을 투자해도 늦지 않다. 나는 인생에도 일정한 '테마'가 있어야 한다고 본다. 증권시장의 '테마 투자'와 마찬가지로 인생도 이것저것에 에너지를 투자할 수 있을 만큼 길지 않다. 자신이 이루기를 소망하는 테마에 속하는 선택인지 잘 생각해 본 후에 투자해야 한다.

유행과 본질을 구분하는 눈을 키워라

유행은 한때다. 젊음을 투자하거나 돈을 투자할 때도 똑같은 원리가 적용된다. 유행은 화려하고 근사하게 보이고, 들린다. 이런 이유로 사람들은 유행에 휩쓸려 투자하기가 쉽다. 그러나 유행은 유행일 뿐이다. 선풍을 일으키면서 많은 사람의 마음을 사로잡지만 오래가지 못한다. 1990년대 말 닷컴 열풍을 생각해 보라. 인터넷이란 신기술에 사람들은 열광했고 수많은 사람이 자신의 귀한 재산을 투자했다. 그 결과 소수의 승자가 탄생했지만 다수는 돈과 시간을 잃어버리는 참담한 상황을 경험하게 된다. 당시를 되돌아보면 비즈니스의 본질은 망각되고 유행이 압도하던 시대였다.

인생 경영도 마찬가지다. 사람들은 자신의 경력과 주력 상품을 만들어 내는 데도 유행에 휘둘릴 가능성이 높다. "무엇이 유망하다고 하더라"는 막연한 풍문이나 주변의 조언에 따라 자신의 시간과 에너지를 집중적으로 투자한다. 돈, 명성, 안정감 등 시대마다 유행어가 다르다. 그러나 시대가 바뀌게 되면 비중을 두는 유행어 자체도 바뀌게 된다. 유행은 가 버리고 자신만 남게 되는 것이다.

따라서 미래 투자를 할 때는 유행보다는 본질에 치중해야 한다. 본질이란 세월이 가더라도 크게 변함이 없는 것을 말한다. 본질은 세 가지 측면으로 나눌 수 있다. 하나는 고객 중심에서 보는 본질이다. 고객의 수요가 계속적으로 일어날 수 있는 분야를 말한다. 다른 하나는 자신이 재미와 흥미를 갖고 계속해서 기량을 갈고 닦을 수 있는 그런 능력을 말한다. 나머지 하나는 다른 사람이 쉽사리 뛰어들 수 없는 능력에 속하는 분야다. 즉 시간이 가면서 다른 사람과 차별화할 수 있는 노하우의 성격을 지닌 능력을 말한다. 이들 세 가지 측면을 고려한 미래 준비가 되어야 한다. 한때의 분위기에 휩쓸린 선택을 해서는 안 된다. 그런데도 사람들은 대부분 비용을 지불하고 난 다음에야 '유행과 본질의 구분이 중요하다' 는 사실을 깨친다.

관심을 한곳에 쏟아 집중적으로 투자하라

투자자들의 금언 가운데 하나가 "분산해서 투자하라"는 것이다. 위험을 관리한다는 측면에서는 도움이 되는 조언일 수 있다. 그러나 자신이 하는 일을 정확하게 이해하고 있다면 집중적인 투자를 할 수 있는 배짱과 용기가 생긴다. 미래 준비와 관련해 시간과 에너지를 분산하여 투자하는 것은 마치 분산 투자가 큰 수익을 가져다주지 못하는 것처럼 우리에게 밝은 미래를 보장할 수는 없다. 미래를 준비하지 않는 사람들에 비해 평균적으로 조금 더 나은 수준의 생활을 가져다줄 뿐이다.

투자할 만한 가치가 없는 능력에 시간과 비용을 들여서는 안 된다. 우리가 갖고 있는 모든 자원은 한정적이다. 이것도 조금, 저것도 조금, 하는 식으로 평균적인 직업인에게 요구되는 능력을 갖추는 데만 자신의 에너지와 시간을 쏟아 붓는 것은 큰 도움이 되지 않는다. 이런 식의 투자는 평범한 직업인 이상의 능력을 가져다줄 수 없다. 그러므로 자신이 프로페셔널로서 갖추어야 할 능력을 정확히 인식하고 이들 사이에 우선순위를 확실히 정해야 한다. 가능하다면 1번, 2번, 3번 등 중요도 순서로 순위를 정하는 것이 좋다. 그런 다음에 확실하게 특정 능력을 중심으로 투자하도록 해야 한다.

무난한 사람이라는 평판은 얻을 수 없을지 모르지만, 집중적인 투자는 프로페셔널로서의 입지를 굳히는 데 큰 도움이 된다. 이것저것을 다 잘하는 것은 불가능하다. 그리고 이것저것에 시간을 찔끔찔끔 사용하는 것 역시 좋은 결과를 가져오지 않는다. 최선의 선택을 위해 무엇을 최우선에 두어야 할 것인지 결정한 다음에 그것을 중심으로 시간과 에너지를 집중적으로 배분해야 한다. 따라서 본능적으로 인생을 대상으로 자기 사업을 하고 있다는 마인드를 확고하게 갖추어야 한다. 다른 사람의 이야기를 경청할 필요는 있지만, 그 의견에 전적으로 따를 필요는 없다. 각자가 자신의 주관에 따라 확실히 밀어야 할 것, 그저 그런 상태로 두어야 할 것, 피해야 할 것을 나눈 다음에 행동할 수 있어야 한다. 이따금 "그래, 바로 이거야"라는 탄성이 저절로 나오는 문장을 만날 때가 있다. 소설가 서머셋 모옴은

"인생에서 재미있는 것 한 가지는 여러분이 최고가 아닌 것을 받아들이기를 거부하면, 여러분은 종종 최고를 얻게 된다"라고 말했다. 누구든 제대로 된 미래 준비를 원한다면, 단기적인 이익에 구애받지 말고 최고가 될 수 있는 것에 집중하는 시기가 반드시 필요하다.

미래 경로를 그린 다음 확신으로 밀어붙여라

미래를 준비하는 과정에서도 중간에 여러 가지 장애물이 버티고 있다. 그것은 외부 사람들이 들려주는 회의적인 의견이나 조언일 수도 있고, 다른 하나는 자신의 내부로부터 나오는 지속적인 노력에 대한 의문일 수도 있다. 귀가 얇은 사람이나 의지력이 약한 사람들은 이런 장애물이 앞을 가로막으면 포기하고 만다. 그렇게 한두 번 포기와 진행을 반복하다 보면 어느 새 젊은 날은 지나가 버리고 만다. 물론 도중에 환경 변화에 따라 자신이 투자하는 대상을 바꿀 수 있으며, 이런 유연성을 갖는 일도 필요하다.

그러나 꼼꼼한 사전 조사에 따라 어떤 미래를 만들어 가기로 결정했다면, 일정 기간에 성과가 나올 수 있도록 확신을 갖고 노력해야 한다. 여기서 확신은 그냥 갖고 싶다고 해서 가질 수 있는 것이 아니다. 현재부터 미래에 이르기까지 나름의 경로를 머릿속에 그리고 있어야 가능한 일이다. 그러나 대부분 사람은 구체적인 경로를 머리에 갖고 있다기보다는 막연히 이렇게 되면 좋을 텐데 하는 소망 내지 기대를 갖는 데 그치고 만다. 그렇게 되면 중간에 회의도 들고 이렇게 해 볼까 혹은 저렇게 해 볼까 하는 의구심도 잦기 때문에 추진력을 만들어 내기가 힘들다. 인생을 대상으로 자신이 특정 능력에 집중적인 투자를 할 때는 막연한 바람이나 소망 정도가 아니라 확신을 갖고 나아갈 수 있어야 한다. 자신이 무엇을 하고 있으며, 이를 통해 어떤 결과를 도출해 낼 것이라는 그림이 머리에 확실하게 정리되어 있다면 좋은 결실을 얻어낼 수 있다. 여기서 한 걸음 더 나아가 자신의 소망이 신념의 단계까지 발전할 수 있다면 더욱 바람직할 것이다.

지나치게 계산적이거나 순발력이 좋은 사람 그리고 머리가 총명한 사람 가운데도 가다 서다를 반복하는 사람이 많다. 게다가 경로도 자주 바꾼다. 그렇게 되면 결과물 역시 좋을 수가 없다. 프로페셔널의 능력이란 일정 시간에 집중적인 투자가 이루어져야 하고 축적의 결과물 중 하나로 만들어지기 때문이다. 지나치게 잦은 변경이나 전직은 경쟁력 있는 능력을 만들어 내는 데 치명적인 결격 사유로 작용한다. 우리의 투자 전략이 막연한 바람에 기초하고 있는지, 아니면 구체적인 정보와 지식에 따른 확신과 신념에 기초하고 있는지에 따라 미래 준비 프로젝트의 성공 여부가 결정된다는 사실을 기억해야 한다. 내 경험에서 보면 우직하게 한동안 밀어붙이는 자세가 정말 중요하다. 남들이 뭐라고 평하든지 간에 말이다. 한 분야를 정해 집중적으로 밀어붙인 사람들은 대부분 성공이란 과실을 거두게 된다. 이것은 나만의 견해가 아니라 주변 여러 사람과의 만남에서 얻게 되는 사례, 그렇게 만난 사람들이 인생의 후반부에서 회고하는 경험담을 통해서도 잘 알 수 있다.

03 현실의 여러 문제를 미래의 목적과 연결하라

바깥에 대한 기대보다 현재 일터를 중시하라

누구나 많은 이익을 내는 회사, 사회적으로 존경받는 회사, 계속해서 배울 수 있는 회사를 원한다. 그러나 모든 사람이 이런 회사에 근무할 수는 없는 노릇이다. 그래서 아침에 잠을 깼을 때 오늘도 다시 출근해야 하는가라는 묵직한 부담감을 자주 느끼는 직장인이 많다. 그렇다 보니 주어진 일을 최소한으로 마무리 짓는 습관이 몸에 붙게 되고 업무에 대한 몰입도 역시 크게 떨어지게 된다. 습관이 무서운 것은 수동적으로 일하는 데 익숙해지면 이를 벗어나기가 점점 힘들어진다는 점이다. 아예 기준 자체가 그것에 고착되어 버리기 때문이다. 일에 대한 기대가 자신의 삶에 대한 기대 수준으로 바뀌게 되는 것이다.

미국계 인사 컨설팅 업체 타워스 페린이 「글로벌 인적자원 보고

서」에서 18개국 8만 8,000명을 대상으로 직장인의 몰입도를 조사한 결과를 발표했다. 평균치가 21퍼센트인 데 반해 한국 직장인의 몰입도는 8퍼센트(한국인 조사 대상은 1,000명)에 그치고 있다. 여기서 몰입도는 '기업이 성공하기 위해 직원들이 자발적으로 어느 정도의 역량과 에너지를 투입하는지'를 나타낸다. 자신의 문제뿐 아니라 조직과 사회의 문제점 등 복합적인 이유가 몰입도를 낮추는 역할을 하고 있을 것이다. 어떤 이유를 들든지 간에 몰입도가 떨어져 있는 직장인은 미래 준비는 고사하고 현재의 업무도 제대로 해낼 수가 없다. 미래에 대비해 특정 능력을 만들어 가는 것은 고도의 몰입도를 필요로 하는 행동이다. 미래를 미리 내다보고 준비하는 활동은 몰입도 없이는 불가능한 일이다.

물론 누구든지 조직과 사회의 변화를 요구할 수 있다. 그러나 조직과 사회가 변화하는 데는 오랜 시간이 걸린다. 그리고 개인이 이상적이라고 가정할 수 있을 만한 상황에 도달하는 데는 오랜 시간이 걸린다. 자신이 기대하는 수준만큼 세상과 조직이 바뀌도록 노력해야 하지만 시간이 점점 흘러가고 있음을 기억해야 한다.

우선 자기 문제이므로 스스로 해결책을 찾는 것이 현명한 대안이다. 특정 조직에서 일하는 동안 어떤 이유에서든 몰입도가 저하되는 상황은 미래 준비에 중요한 결함이라고 할 수 있다. 스스로 몰입도를 높일 수 있는 방법을 찾아서 실행에 옮겨야 한다. 회사를 위해서가 아니라 바로 자신을 위해서다. 다른 사람을 위해서 일하는 것이 아니라 자기 자신을 위한 투자라고 생각하고 임해야 한다. 그렇지 않으면 어떤 조치도 미래를 위한 자신의 능력을 만드는 데 도움이 되지 않는다.

우리는 70~80퍼센트 이상의 시간을 직업과 관련해 보내고 있다. 이처럼 막대한 시간을 들이는 곳이 미래 준비와 연결될 가능성이 없다면 그 조직을 떠나야 한다. 그리고 미래와 연결될 가능성이 있는 곳에서 새 둥지를 틀어야 한다. 그냥 조직과 사회에 불평불만을 늘어놓으면서 몰입도를 높이는 데 무엇인가 해 주기를 바라는 것은 주장으로서는 의미가 있을지 모르지만, 개인에게는 그다지 도움이 되지 않는다. 그 사이 시간은 흘러가 버린다. 세상과 조직은 자신이 어찌 해 볼 수 없는 나름의 관성이 있다. 노력해야 하지만 어쩔 수 없는 부분에 대해서는 오랫동안 가슴앓이를 하지 말고 바뀔 때까지 내버려 두라. 그리고 스스로 통제할 수 있는 영역에 우선적으로 관심을 갖는 편이 더 나은 선택이다. 이것은 평소 나의 믿음이기도 하다.

현재의 학습을 미래와 연결하라

일은 최고의 학습 과정이기에 배움은 일에서 시작되어야 한다. 대부분의 시간과 에너지를 투입하는 일에서 미래를 준비하는 능력의 기초가 만들어져야 한다. 물론 업무의 성격상 개인화할 수 있는 지식으로 연결될 수 없는 예외적인 분야도 있다.

자신의 일을 다양한 각도로 접근하면서 미래 준비의 실마리를 찾아내야 하고, 이를 기초로 해서 구체적인 능력으로 확장시킬 수 있어야 한다. 자신의 일이 가진 특성에서 보이는 부분에만 주목하면 미래 준비의 실마리를 찾을 수 없다. 남들이 볼 수 없는 영역에 주목할 수 있어야 하고 그것으로부터 미래 준비의 가능성을 열 수 있어야 한다. 실마리를 찾아내고 그것을 특정한 능력으로 바꾸는 과정은 일종의 '블랙박스'에 해당한다. 자신의 독창성이 발휘되어야 할 분야인 동시에 약간의 행운도 함께해야 할 부분이다.

성공하기를 원한다면 일과 연결된 정보를 수집하고 지식을 축적하는 다양한 활동이 이뤄져야 한다. 물론 이런 지식과 정보를 익히는 과정에서도 "어떻게 미래를 향한 연결 고리를 만들 수 있을까?"라는 질문은 늘 자신과 함께해야 한다. 때로는 자신의 분야와 완전히 동떨어진 부분에서 미래를 위한 기회를 찾아내는 사람도 있다. 그러나 이들 역시 자신의 분야를 기초로 어떤 원리나 방법 등을 다른 분야에 적용할 수 있었다는 점에서 예외가 될 수 없다.

학습도 일종의 시스템이다. 학습하는 과정을 하나의 시스템으로 가정하고 구성 요소는 무엇인지, 각각의 구성 요소마다 최고의 완성도를 만들어 내기 위해 무엇을 해야 하는지 등을 스스로 고민할 수 있다면 더욱 효과적인 학습이 가능하다. 그러나 무엇보다도 중요한 것은 이런 과정 자체를 철두철미하게 즐기는 자세다. 즐기면 새로운 것에 호기심을 가질 수 있고 호기심을 가지는 사람은 계속 더 나은 상태를 향해 나아갈 수 있다.

일하는 과정에서 재미와 열정을 만들어 내라

모든 것은 흘러가 버린다. 직업인으로 훗날 성공하더라도 과연 행복하겠느냐는 문제는 별개의 일이다. 가능성은 높아지겠지만 행복이 반드시 보장되는 것은 아니다. 재미와 행복은 지금부터 시작되어야 하고 당연히 느껴야 하고 느끼기 위해 최선을 다해야 한다.

돈을 좇는 사람이 돈을 벌 수도 있겠지만, 나는 그 가능성이 그리 높지 않다고 본다. 돈만 좇게 되면 돈에만 주목할 뿐 고객에 주목할 가능성은 낮아지기 때문이다. 현재 하고 있는 일을 열정적으로 하면서 이를 미래로 연결하려고 하면 어느 정도의 돈과 명성은 따라오게 되어 있다. 단지 돈을 벌기 위해 자신의 일을 하거나 의무감 때문에 하는 사람들은 즐겁지도 행복하지도 않다. 동시에 그들은 재미있게 열정적으로 하는 사람에 비해 돈도 적게 번다. 자신의 일에 흠뻑 빠져서 일하는 사람에게 일은 더 이상 일이 아니다. 그것은 재미있는 유희고 놀이다.

처음부터 지나치게 결과에 집착해서는 안 된다. 궁극적으로 좋은 결과를 거둬야 하지만 의식적으로라도 과정 자체를 즐길 수 있어야 한다. 일에 재미와 열정을 더하면 기대 이상의 성과를 올릴 수 있을 뿐 아니라 미래를 어떻게 만들어 갈 것인지 그 방법이나 아이템도 자연히 나오게 된다. 그래서 열정적인 사람은 자신만의 독특한 인생 모습을 만들어 가게 된다. 그러나 열정이라고 해서 모두 똑같지는 않다. 열정도 이따금 합리성으로 적절히 제어할 필요가 있다. 지나치게 열정적인 사람들 가운데 감당할 수 없을 정도로 일을 벌여 놓기만 사람이 있다. 이들은 대개 수습하는 데 익숙하지 않아서 시작은 하지만 마무리를 하지 못하는 경우가 종종 있다. 열정은 반드시 실행과 책임이 뒤따라야 한다.

무슨 일을 하든지 간에 인생을 대상으로 자신의 사업을 한다고 생각하고 재미있게 하라. 이것 역시 그냥 주어지는 것이 아니라 자신이 선택할 수 있는 사항이다. 매사에 일을 즐겁고 유쾌하게, 그리고 열정적으로 해야 한다. 이런 습관이 배어 있다면 자신이 원하는 성과를 반드시 이루어 낸다. 일할 때 툴툴대지 말고 즐겁게 하라! 반드시 해야 하는 일이라면 즐겁고 유쾌하게 해야 하지 않겠는가!

치열하게 무엇이든 해 보라

이런저런 걱정이나 고민을 머리에 잔뜩 안고 살아갈 필요는 없다. 아무리 세밀하게 계획을 세우더라도 예상하지 못한 일이 일어나는 것이 우리의 삶이다. 그래서 고민에 고민을 거듭하기보다는 실천해야 할 간단한 일부터 직접 하는 것이 현명하다. 열심히 하다 보면 머리로만 고민하던 이런저런 일의 실마리가 하나하나 풀리게 된다. 완벽한 계획과 완벽한 실행은 있을 수 없다. 우선 실천 가능한 일부터 열심히 해야 한다.

그런데 미래를 제대로 준비하려면 그냥 열심히 하는 정도에 그치는 것으로는 충분하지 않다. 일정 기간 "더 이상 열심히 하는 것은 불가능하다"라고 자신에게 당당하게 이야기할 수 있을 정도로 치열하게 해야 한다. '그냥 한번 해 보자' '하다가 문제가 생기면 바꾸면 된다' '남들이 하는 만큼만 하면 충분하다' 등의 생각을 갖고 자신의 일에 임하면 결과 역시 원하는 만큼 이루어질 가능성이 높지 않다. 그곳에는 치열함이 없어서 원하는 것만큼의 결실을 거두기가 힘들다.

　그리고 치열하게 하지 않으면 처리할 수 있는 업무량은 어느 수준을 벗어나기가 힘들다. 늘 우선순위를 차지하는 것은 성과를 올리는 일, 즉 현재와 관련된 일이다. 그러므로 치열하게 하지 않으면 미래를 준비하는 일은 늘 뒤로 밀리게 된다. 한마디로 치열하게 하지 않는 한 제대로 된 미래 준비는 불가능하다. 따라서 단기적으로 생활의 불균형 상태가 발생하는 것을 비정상이 아니라 정상적인 일로 간주해야 한다. 생활의 균형을 찾기 위해 어떻게 해야 한다는 말은 미래 준비를 해 나가는 초반과 중반에는 해당되지 않는다. 많은 사람이 이 같은 고정관념으로 자신이 제대로 살고 있지 못하다는 생각을 갖기 쉽다. 그러나 어느 정도 길을 찾아가고 있다는 믿음을 가질 수 있을 때까지 자신의 모든 에너지를 현재의 성과와 미래 준비에 집중시켜 치열하게 해야 한다.

　이 책을 마무리할 때쯤 조선일보에 근무하는 이한우 기자의 『정조』라는 책을 읽게 되었다. 조선실록에 바탕을 두고 어느 사학자도 도전하지 못한 태종, 세종, 선조, 성종, 숙종, 정조의 '6군주'로 이루어진 조선 군주열전의 마지막 책이다. 기자는 일이 불규칙하게 주어지는 직업이다. 이한우 기자는 여섯 번째 책의 끝마무리에 "주말의 거의 전부를 실록과의 '열애'에 쏟아 부어야 했던 지난 7년 동안 싫은 내색 한 번 하지 않고 늘 격려해 준 아내와 아들에게 잃어버린 주말에 대한 작은 보답의 의미로 이 책을 바친다"라는 글을 남긴다. 이 기자에게 조선실록에 대한 탐구와 책 쓰기는 미래 준비 프로젝트의 일환이었을 것이다. 이렇게 세상 사람들이 내리는 균형이라는 단어를 멀찌감치 밀어 놓고 일정 기간을 치열하게 살 수 있어야만 제대로 된 미래 준비가 가능하다.

특히 젊은 날 치열한 시간을 갖지 못한다는 것은 개인적으로 큰 불행이다. 그것은 반드시 인생의 중반과 후반에 큰 비용을 지불하는 것으로 결론이 나기 때문이다. 그냥 건너뛰는 일이 없다는 사실을 반드시 기억해야 한다. 게다가 치열함도 세월과 함께 차이가 나게 마련이다. 젊은 날의 치열함과 중년의 치열함 사이에는 큰 간격이 존재한다. 젊은 날에는 막강한 체력을 바탕으로 장시간 일을 할 수 있다. 그러나 나이가 들면서 이런저런 제약 조건이 늘어난다. 다시 말하면 자신의 미래 준비에 투입할 수 있는 순수한 절대시간이 줄어들게 된다. 다른 사람을 위해 봉사하고 헌신해야 하는 시간이 필요하기 때문이다. 자리가 올라간다는 것은 곧바로 다른 사람에게 제공해야 하는 시간의 양이 증가하는 것을 의미한다. 정도의 차이가 있겠지만 치열하게 준비할 수 있는 시간이 제한되어 있음을 늘 명심해야 한다.

04 실패의 경험에서 성공을 베팅하라

지나친 신중, 소심함을 경계하라

신중함이 지나친 나머지 소심함으로 연결되면 미래 준비에서 큰 성과를 거두기 힘들다. 그래서 신중함과 소심함을 반드시 구분해야 한다. 그러면 신중함과 무모함의 차이는 무엇인가? 아무런 사전 준비 없이 일단 저질러 놓고 보는 것은 무모함이라고 할 수 있다. 무모한 사람은 "모든 것이 잘 될 거야"라는 막연한 낙관주의에 바탕을 두고 행동한다. 그러나 본인이 그렇게 마음을 먹는 것과 현실은 다른 경우가 많다. 아무 준비 없이 남들이 하는 대로 되돌리기 힘들 정도로 돈과 시간을 투입해 버린 경우 이를 수정하는 일이 불가능하거나, 가능하더라도 상당한 비용을 지불해야 한다. 모든 투자가 그렇듯이 미래를 향한 투자 역시 무지함은 실패로 연결될 가능성이 높다.

그래서 무모함은 피해야 한다. 시작하기 이전에 예상 가능한 위험 요소를 정리해 보는 습관이 중요하다. 여러 가지 위험 요소를 정리하다 보면 어떻게 해야 하는지에 대한 자신의 생각을 가다듬을 수 있다. 물론 최악의 상황이 발생했을 경우 자신이 지불해야 하는 비용도 계산해야 한다. 그러나 이런 계산이 지나친 나머지 좀처럼 행동으로 옮기지 못하는 사람도 있다. 이런 선택을 할 경우 이런 문제가, 저런 선택을 할 경우에는 저런 문제가 기다리고 있기 때문에 고민만 하다가 시간을 보내고 마는 것이다. 어쩌면 그렇게 행동하는 사람의 내면세계에는 세상이나 미래에 대해 완전함이나 확실함이란 단어가 함께하고 있을 것이다. 즉 미래가 구조적으로 포함할 수밖에 없는 불확실함과 위험 자체를 인정하지 않는 것이다.

불확실함이 가져올 수 있는 위험, 이런 위험으로 인해 저지를 수 있는 실수나 실패에 지나치게 연연하고 전전긍긍하는 사람은 잠재적 위험에 지나치게 압도되어 기회를 놓치게 된다. 우리는 미래 준비를 할 때 무모하지 않도록 주의해야 하고 신중해야 한다. 미래를 위해 어디에 어떻게 투자할 것인지를 충분히 숙고해야 한다. 그러나 지나치게 신중한 나머지 머뭇거리면서 미래를 위한 한 걸음을 내디딜 수 없다면 이는 미래 준비에서 치명적인 결함이다. 사전에 충분히 준비할 수 있어야 하지만, 스스로를 설득할 만한 이유를 가질 수 있다면 남들이 뭐라고 하더라도 행동으로 옮길 수 있어야 한다. 때로는 과감하게 베팅할 수 있어야 함을 뜻한다. 이런 점에서 워렌 버핏의 투자 철학은 미래 투자를 하는 우리에게도 시사하는 바가 매우 크다.

나는 기업을 매수하는 이유에 대해 종이 한 장을 채우기 전까지는 절대로 매수하지 않는다. 오늘 코카콜라에 320억 달러를 투자한다고 하자. 그것은 잘못된 결정일 수도 있다. 그러나 나는 그만큼의 돈을 주고 코카콜라에 투자하는 나만의 이유를 가지고 있다. 어떤 기업에 투자하고자 하는 자신만의 이유를 말할 수 없다면 그 기업의 주식은 사면 안 된다. 매수 이유에 대해 자기만의 답변이 가능하다면, 그리고 그것을 수차례 시도했다면 당신은 큰돈을 벌 수 있을 것이다.

『워렌 버핏 투자 노트』(메리 버핏 · 데이비드 클라크, 국일미디어, 2007, p.147).

특히 타인의 실패에서 배워라

무엇인가를 배우는 데 직접 경험해 보는 것보다 좋은 것은 없다. 그러나 직접 경험하는 일에는 늘 지불해야 할 비용 청구서가 따르게 된다. 때로는 그런 청구서를 해결하는 데 오랜 시간과 막대한 돈을 날려 버리는 사람도 많다. 적은 비용을 들이면서도 높은 수익을 거둘 수 있는 방법은 다른 사람들의 경험으로부터 배우는 일이다. 간접경험은 이용하기에 따라 적은 비용으로 높은 수익을 얻을 수 있는 좋은 방법이다.

다른 사람의 경험으로부터 배우는 데 두 가지 방법이 있다. 하나는 다른 사람의 성공 경험에서 배우는 일이다. 신문이나 잡지의 인터뷰나 서점가에는 자신의 성공담을 자랑스럽게 풀어놓은 책이 많이 나와 있다. 성공 경험을 배우는 일은 미래를 준비하는 사람에게 충분한 의미가 있다. 자신의 미래를 제대로 개척해 온 사람들의 성공 스토리에는 교훈이 들어 있다. 어떻게 기회를 잡게 되었는가? 어떻게 경력을 전환하게 되었는가? 그 순간 누구의 도움을 받았는가? 어떤 요소가 미래 준비에 결정적인 영향을 미친다고 생각하는가? 자신만의 독특한 미래를 개척하는 데 성공한 사람들은 저마다의 스토리를 갖는 데 성공한 사람이라고 말할 수 있다.

그런데 좀처럼 바깥으로 드러내 놓고 싶어 하지 않는 것이 미래 준비 실패담이다. 이런 일은 좀처럼 공식적인 문건으로 드러나지 않는다. 세상에는 성공한 사람보다 실패한 사람이 압도적으로 많지만 이들의 이야기는 유명인을 제외하면 기삿거리로 별 매력이 없기 때문이다. 따라서 대부분의 사람은 다른 사람의 실패담을 제대로 접할 수 없어 거기에서 배움을 얻을 수 있는 경우도 드물다. 그러나 미래를 준비할 때는 성공한 사람들의 미래 준비 못지않게 실패한 사람들의 미래 준비도 자신의 것으로 만들기 위해 노력해야 한다.

어떻게 하면 실패하는가? 실패의 결정적인 요인은 무엇인가? 그런 실패담이 자신에게 주는 교훈은 무엇인가? 이런 질문에 대한 답을 찾아야 한다. 이를테면 자신과 비슷한 일을 하다가 자신만의 경력을 관리하기 위해 조직을 떠났던 사람들의 실패한 이야기에는 관심을 둘 만한 충분한 이유가 있다. 바깥으로 속 시원하게 드러내 놓지 않은 이야기로, 개인적으로 관심을 갖고 찾아야만 그런 기회를 가질 수 있다. 쉽지 않지만 하기에 따라 당사자들의 조언을 구하는 일이 불가능하지는 않다. 마지막으로 성공한 사람들도 그 과정에 이르는 동안 필연적으로 몇 번의 실패담이 있을 것이다. 그런 이야기들을 마치 무용담처럼 들려주는 경우가 있기 때문에 비교적 손쉽게 얻을 수 있다. 그리고 그 사례는 실패한 사람의 이야기보다 쉽게 깊이 들여다볼 수 있는 장점을 가졌다.

쇠락하지 않는 성장 시장에 줄을 서라

'사양 산업은 없다. 오로지 사양 기업이 있을 뿐이다.' 절반은 진실이지만 절반은 거짓이다. 산업을 넓게 해석하면 사양 산업은 없다. 그러나 좁게 해석하면 그곳에는 분명히 사양 산업이 있다. 브라운관은 사양 산업이지만, 브라운관을 만들던 기업들은 이후에 PDP와 LCD라는 새로운 영역을 개척하는 데 성공했다. 두 분야 모두 디스플레이 산업이다. 브라운관에 국한하면 분명히 사양 산업이다. 그러나 디스플레이 산업을 PDP와 LCD로 확장하면 그것은 분명히 성장 산업이다.

브라운관을 아무리 잘 만드는 기업이라고 하더라도 브라운관 시장 자체가 줄어드는 상황에서는 어떻게 해 볼 도리가 없다. 후진국 시장을 상대로 어느 정도 성과를 만들 수 있을지 모르지만, 결국에는 공장을 매각하거나 청산하는 방법 외에는 다른 선택이 없다. 모든 것에는 끝이 있게 마련이다. 굴러가는 공만 주의 깊게 보는 잘못을 범하지 않도록 주의해야 한다. 과연 그 공이 어디로 갈 것인지를 미리 살펴보고 전망할 수 있어야 한다. 현재를 기준으로 모두가 찬사를 내놓더라도 현재를 넘어서 미래를 내다볼 수 있어야 한다.

미래 준비도 마찬가지다. 날로 사양화되는 분야를 선택하면 자신이 아무리 노력하더라도 계속 사양화되는 시장이란 제약 조건을 벗어날 수가 없다. 따라서 쇠락하는 시장이 아니라 성장하는 시장에 늘 자신을 위치시킬 수 있도록 노력해야 한다. 아무리 노력해도 시장은 우리의 의지와 관계없이 흥망성쇠를 계속해 나간다. 망하고 쇠하는 것을 예측할 수 있어야 하고 흥하고 성하는 것을 내다볼 수 있어야 한다. 지금 잘나가더라도 앞으로 문제가 있는 분야에 시간과 돈, 에너지를 투입하는 것은 바보 같은 짓이다. 따라서 경영자나 기업가처럼 자신이 어떤 분야를 미래의 유망 분야로 여기는지, 그곳에 어느 정도 투자할 것인지를 결정해야 한다. 같은 노력을 하더라도 날로 성장하는 시장에 편승할 수 있다면 가능성 면에서 성장 시장의 평균 수익률 이상을 수확할 수 있다. 그런데 영원히 성장하는 산업이란 없기 때문에 미리미리 성장 산업 쪽으로 자신의 위치를 옮길 수 있어야 한다. 미래를 준비하는 일은 기수가 말을 선택하는 것에 비유할 수 있다. 아무리 뛰어난 기량을 가진 기수라 하더라도 심한 절름발이 말을 타고선 우승을 기대할 수 없다. 반면에 기량이 약간 떨어지는 사람이라 하더라도 명마를 선택할 수 있다면 좋은 성적을 거둘 가능성이 한층 높아진다.

실패하면 바로 툴툴 털고 일어나라

재기하는 게 불가능할 정도로 엄청난 피해를 입힐 수 있는 실수는 피해야 한다. 그러나 작은 실수에 연연할 필요는 없다. 모든 의사결정에서 항상 성공할 수도 없고 그것을 기대해서도 안 된다. 다만 그런 실수의 순간이나 경험을 맞게 되었을 때 툴툴 털어 버리고 다시 일어설 수 있는지가 문제다.

어떤 사람이 지닌 미래의 성장 가능성은 실수를 하거나 실패를 맞보게 되었을 때, 어떻게 대처하느냐에 따라 결정된다. 현재의 실수에 크게 발목 잡히지 않고 무난하게 다음번의 의사결정과 실행으로 자연스럽게 옮겨 가는 이들은 실수를 삶의 일부분으로 기꺼이 받아들인다. 또한 그들은 자신의 잘못을 인정할 줄 아는 용기를 가졌다. 그들은 자신이 저지른 실수나 실패를 갖고 타인을 비난하거나 징징 댄다고 해서 변화할 수 있는 것은 아무 것도 없다는 사실을 잘 알고 있다.

그래서 쓰라린 경험이라 하더라도 그것이 주춧돌이 되어 다음에는 비슷한 실수를 되풀이하지 않도록 노력한다. 그들은 실수를 통해 더 나은 미래를 위해 수업료를 지불했다고 여긴다. 후회는 어떤 형식으로든 짧고 굵게 하는 것으로 충분하다. 과거에 이미 범한 실수를 두고두고 곱씹으면서 미래를 향한 행보에 지장을 받을 정도라면 이는 문제가 아닐 수 없다. 과거에 매달린다고 해서 달라지는 것은 아무것도 없음을 기억해야 한다.

우리는 과거가 아니라 미래를 향해 나아가야 한다. 미래를 준비하면서 과거의 좋은 경험이든 싫은 경험이든 간에 그것에 지나치게 좌우되지 않도록, 영향을 받지 않도록 주의해야 한다. 사람이란 경험을 통해 성장하기 때문에 완전히 그 영향력에서 벗어날 수는 없다. 인간은 누구든 무의식적으로 과거와 현재를 연결하게 된다. 본능이 그렇게 작동한다면 이성적으로 과거와의 관계를 정리한 상태에서 미래를 준비하도록 해야 한다.

미래를 준비할 때 실수가 불가피하다는 사실을 받아들여야 한다. 그리고 가능한 그 횟수를 줄이도록 노력해야 한다. 만약 그런 실수와 맞닥뜨렸을 때 어떻게 대처하느냐는 전적으로 자신의 태도에 달려 있다. 징징댄다고 해서 도움이 되는 일은 아무것도 없다. 조용히 털어 버리고 굳센 마음가짐을 갖고 다시 일어서면 된다.

자신이 세운 기준선을 넘지 마라

미래를 준비하는 사람은 하루하루 쌓아 가는 사람들이다. 축적을 통해 그 성과가 드러나는 데는 오랜 시간이 걸린다. "공든 탑이 무너지랴"라는 옛말이 있지만 그 가능성이 분명히 존재하는 것도 사실이다. 외부 환경의 변화는 공든 탑을 무너뜨릴 가능성이 낮지만, 내부 요인에 의해서는 얼마든지 무너질 수 있음을 기억해야 한다.

미래를 준비하는 사람이라면 내부적인 요인으로 인해 발생 가능한 위험을 적극적으로 관리할 수 있어야 한다. 부와 명성을 쌓는 데는 10년, 20년의 긴 시간이 필요하다. 한꺼번에 이를 가지는 데 성공한 사람도 있긴 하지만, 평균적으로 오랜 시간의 노고가 필요하다. 어느 정도 성과를 거두게 되면 사람들은 자칫 "별일 없겠지"라고 안심하면서 방심하게 된다. 처음에는 명백한 부정이라기보다도 애매한 부정적인 활동에 손을 대게 된다. 때로는 꼭 집어 부정이라기보다는 업계의 관행 내지 통념이라고 받아들였던 일로 인해 불명예를 안고 은막에서 사라지는 경우도 생길 수 있다. 이런 경우 한꺼번에 그야말로 하루 만에 모든 것을 잃어버리기도 한다. 따라서 평소에 자신의 행동이나 의사결정에 엄격한 기준이나 가이드라인을 정해 두는 것이 좋다. 친분을 갖고 있는 사람이 그럴듯한 조건을 제시하더라도 그 선은 넘지 않겠다는 점을 분명히 해야 한다. 그리고 이를 엄격하게 일상의 삶에 적용할 수 있어야 한다. 특히 어느 정도 성공하게 되면 좀 더 높은 도덕적·윤리적 기준을 자신에게 적용하는 일이 반드시 필요하다. 여기서 도덕적 기준은 합법을 넘어서는 기준을 말한다.

대개 이런 깨달음은 낭패를 당하고 나서야 얻는 경우가 많다. 그러므로 열심히 미래를 준비하는 사람들이라면 사소한 실책 때문에 자신이 이룬 모든 것을 한꺼번에 잃을 수 있는 위험에 노출되지 않도록 항상 조심해야 한다. 이때 엄격한 자신만의 행동 가이드가 없다면 타인의 요구나 유혹, 분위기 등에 지배될 수도 있다. 옳지 않은 일을 하게 되면 "아차" 하고 자신의 잘못을 깨달았을 때조차 쉽게 발을 뺄 수 없다.

착실한 미래 준비를 통해 명성이나 부를 쌓는 데 가까이 갈수록 세상 사람 모두가 축복해 주지 않는다. 때로는 질투와 시기심에 치명적인 실수를 저지르기를 은연중에 바라는 사람도 있다. 인간의 본성 가운데는 악마적 속성이 항상 존재하기 때문이다. 다른 사람의 눈에 조금이라도 비난받을 수 있는 가능성이 있거나, 불법으로 간주

될 수 있는 정당하지 못한 일이라면 어느 누구와도 거래(deal)해서는 안 된다. 그리고 상대방의 피치 못할 사정이나 상대방에 대한 안타까움과 배려 때문에 받아들여서도 안 된다. 선의는 언제든지 이해가 충돌하는 상황이 발생하면 상대방에 의해 악의적으로 이용당할 수 있기 때문이다. 적극적인 불법은 피해야 하지만 선의에 기초를 둔 애매한 불법에도 분명한 거리를 두어야 한다. 잃어버릴 것이 많은 상태에 가까이 다가갈수록 분명한 선을 정하고 이를 넘지 않도록 해야 한다.

05 꼭 기억하라, 성공은 결코 어렵거나 복잡하지 않다

늘 가치 중심으로 생각하라

시간은 항상 부족하고 현재의 일을 제대로 마무리하는 데도 늘 쫓길 수 있다. 업무를 어떻게 효과적으로 처리해야 하는가라는 과제를 두고 많은 사람이 고민에 빠져 있다. 이것은 혼자만의 고민이 아니라 나를 포함해 대부분 사람의 공통된 고민이라고 보면 된다. 현재의 성과에 급급하다 보면 미래의 일은 우선순위에서 밀리게 된다. 생각은 하고 있지만 시간이 없어서 어쩔 수 없다고 생각하는 사람들이 나오게 된다.

따라서 일을 하든, 일상의 소소한 선택을 하든지 간에 자연스럽게 편익과 비용이란 개념을 염두에 두고 사고와 행동의 잣대로 활용하면 된다. 어떤 것을 선택해서 시간과 돈, 에너지를 투입하는 것은 거래로 보면 일종의 가격 혹은 비용을 지불하는 일로 해석할 수 있다.

그런데 이때마다 이런 선택에서 자신이 거둘 수 있는 이익, 즉 가치를 가늠해 보는 일이 필요하다. 가치는 거래를 통해 얻을 수 있는 무엇을 뜻한다. 그것은 경제적인 가치일 수도 있고 명성일 수도 있고 즐거움이나 행복일 수도 있다. 현명한 투자의 비결은 낮은 가격을 지불하고 높은 가치를 얻는 일이라고 할 수 있다.

그렇다면 우리의 선택은 분명하다. 낮은 가치 활동은 특별한 경우가 아니라면 과감하게 자신의 선택에서 제외해 버리는 것이다. 가치 파괴적인 활동에 대해서는 말할 필요도 없다. 몸과 마음에 네거티브 효과를 미치는 것이 명백한 활동은 없애거나 줄여 나가면 된다. 과거에 해 오던 것이든 아니든 관계없이 선택을 통해 얻을 수 있는 가치가 낮을 경우 철저하게 제외시켜 버리면 된다. 이렇게 사고하고 행동하게 되면 먼저 시간을 만들어 낼 수 있다. 또한 돈과 에너지도 어느 정도 확보할 수 있다. 미래에 더 많은 가치를 가져다줄 수 있는 활동을 늘려 갈 수 있는 기초가 마련된 셈이다. 행동을 판가름하는 데 아무런 기준을 갖고 있지 않다면 제대로 된 미래 준비는 불가능하다. 늘 분주하고 허둥대면서 살아갈 것이기 때문이다. 가격(비용) 대비 가치로 생각하는 데 익숙해져야 한다. 언제나 그렇듯이 그런 잣대로 자신의 하루하루를 살펴보고 고치지 않으면, 미래 준비가 들어설 수 있는 여지는 별로 없다. 항상 현재가 시급하기 때문이다.

몇 가지 삶의 원칙을 고수하라

뭔가 대단한 일을 해야만 미래 준비에 성공할 수 있는 것은 아니다. 뭔가 엄청난 행운이 함께해야 미래 준비에 성공할 수 있는 것도 아니다. 몇 가지 삶의 원칙이나 습관만으로도 얼마든지 자신의 미래 준비에 성공할 수 있다. 그러니까 기본을 철두철미하게 공략할 수 있어야 한다.

삶에서 성공을 그렇게 복잡하고 어려운 과제로 생각하면 안 된다. 성공을 가져다주는 몇 가지 결정적 습관이 무엇인지를 생각해 보라. 특히 자신이 갖고 있는 습관 목록 가운데 반드시 하지 말아야 할 것은 무엇인지, 반드시 해야 하는 것은 어떤 것인지를 정리해 보라. 당연히 "내가 미래 준비에 성공하기를 간절히 소망한다면"이라는 질문에 대한 답을 찾는 형식으로 말이다.

이런 점에서 보면 인생과 투자의 원리는 엇비슷하다. 투자자의 경우에도 자신들이 내리는 모든 투자가 성공할 수 있는 것은 아니라고 본다. 결정적인 투자 몇 개만으로도 성공할 수 있다. 투자의 달인조차도 모든 투자에서 성공하는 것은 아니다. 마찬가지로 인생에 대한 투자 역시 모든 것을 다 잘해야 하는 것은 아니다. 이른바 우리 모두가 '올마이티(All-mighty)' 할 수는 없다. 결정적인 몇 가지 원칙이나 기본을 우직하다고 할 수 있을 정도로 반복해서 자신의 것으로 만들 수 있다면 절반의 성공은 이룬 셈이다. 그래서 나는 '인생의 성공은 복잡하거나 어려운 일이 결코 아니다. 그것은 기본을 정확히 인식하고 이를 창의적으로 반복하는 데서 온다' 라는 경구를 좋아한다. 실용적인 면에서 이런 원칙의 적용은 큰 효과를 낳는다.

어떤 경우라도 지켜야 할 몇 가지 원칙을 갖고 있는가? 담배를 끊는다. 과연 이런 원칙이 그 가운데 포함될 수 있느냐고 물을 수 있지만, 나는 한 인간이 가진 의지력의 표상이자 고객에 대한 예우라는 차원에서 '금연한다'를 미래 준비의 결정적 원칙 가운데 하나로 채택하고 싶다. 사람마다 모두 기상 시간이 다르다. 그러나 나는 다른 사람들이 보기에 지나칠 정도로 이른 기상을 중요하게 여긴다. 해가 뜨고 나서 일과를 시작해선 절대로 자신이 계획하는 일을 이루어내기가 힘들다고 믿기 때문이다. '새벽에 일찍 일어나서 일과를 시작한다.' 그것도 분명한 미래 준비의 원칙 가운데 하나가 될 수 있다. 항상 하루하루 목표를 세워서 생활한다. 물론 이것도 한 가지 원칙이다. 자신의 좋은 습관과 나쁜 습관을 하나하나 점검해 보고 나서 몇 가지를 정하라. 그리고 그것을 어떤 경우에도 양보할 수 없는 중요한 원칙으로 지켜 나가라. 미래 투자를 위해 자신을 단련시켜 나가는 과정은 반드시 이런 몇 가지 원칙이나 기본을 필요로 하고, 이를 얼마나 창의적으로 반복하는가에 따라 결정된다고 할 수 있다. 다시 한 번 명심하라. '인생의 성공은 결코 어렵거나 복잡하지 않다'는 사실을 말이다.

강력한 욕망을 가져라

욕망은 추진력을 준다. 특히 미래를 준비하는 사람은 현재 자신의 상황이 크게 개선되기를 원한다. 그렇기 때문에 논리적이고 이성적인 목표나 바람만으로 현재를 희생하면서 미래를 위해 투자하는 일은 그리 쉽지 않다. 무엇보다 강한 욕망이 있어야 한다. "정말 잘 되고 싶다" "이것을 꼭 이루고 싶다"는 욕망을 가진 사람은 기꺼이 그 비용을 지불하게 된다.

이때 욕망은 자신을 업그레이드하는 데 집중되도록 하는 편이 바람직하다. 지나치게 다른 사람이 이루어 낸 것이나 가진 것과 비교하게 되면 욕망은 곧바로 질투와 시기심으로 연결된다. 다른 사람의 부와 명성, 경력 등과 자신을 끊임없이 비교하게 되면 자신만의 독특한 페이스를 잃어버릴 가능성이 높다. 그렇게 되면 제대로 된 준비를 하는 데 실패할 가능성이 높아지게 된다. 우직하게 자신의 길을 고집하는 시기가 있어야 하는데 이를 놓치기 때문이다.

미국에서는 사립학교가 대개 홈커밍데이를 갖고 있다. 졸업하고 나서 몇 년마다 동기들이 학교에 모여 운동도 하고 지나간 일에 대한 이야기도 나누고 모교에 기부하는 행사를 말한다. 어느 현명한 사람은 후배들에게 이런 이야기를 들려준다.

"처음 10년이나 20년 정도는 그런 모임에 가능한 참석하지 않는 것이 좋다. 빨리 성공의 길에 들어선 친구들을 만나게 되면 질투나 시기심 때문에 자신만의 특별한 길을 걷는 것이 아니라 빠른 효과를 가져다주는 길로 자신의 진로를 수정할 수 있기 때문이다."

물론 참가하면서 '친구의 길은 친구의 것이고, 나의 길은 나의 것이다'라는 생각을 굳게 먹으면 굳이 참석 자체를 피할 필요는 없다. 이 이야기는 욕망이 다른 사람에 대한 질투나 시기심으로 연결되는 것을 경고한 것이다. 미래 준비에 진정으로 성공하는 사람은 다른 사람의 성취를 기꺼이 축하하면서도 자신만의 길을 걸어가는 데 의미를 둘 줄 안다.

따라서 욕망이 다른 사람과의 비교나 성급한 성과, 질투나 시기심과 연결되지 않도록 특별히 주의할 필요가 있다. 특히 질투와 시기심은 남의 떡에 초점을 맞춘 나머지 자신의 것을 초라하게 여길 가능성이 높다. 그렇게 되면 자신만의 페이스를 잃어버리게 된다. 제대로 미래 준비를 하고 있다가도 성공한 동기들의 페이스에 맞추기 위해 자신의 길을 포기하는 경우가 생길 수 있다. 결과적으로 자신의 페이스를 잃어버리게 되면 귀한 젊은 날을 여기 조금, 저기 조금 보내면서 시간을 낭비하게 된다. 미래 준비는 우직함을 필요로 하는데, 예상치 못한 상대의 영향력으로 자신의 길을 수정하는 잘못을 피해야 한다.

넓은 시야로 미래를 보라

10년 후나 15년 후의 세상을 그리면서 자신의 미래상을 차근차근 준비해 가는 것은 대단히 흥미로운 프로젝트다. 미래 준비를 프로젝트로 이해하는 사람은 매사를 투자라는 시각으로 바라보게 된다. 즉 씨앗을 뿌리는 과정이나 미래를 위한 저축을 해 나가는 과정으로 이해하게 되는 것이다.

이처럼 미래를 바라보고 살아가는 것이 주는 큰 혜택은 "어떻게 변화할까"라는 질문에 대한 답을 찾도록 해 주는 것으로 주변을 흥미진진하고 유심히 바라보도록 유도한다. 그리고 어느 것 하나 사소하게 넘기는 일 없이 항상 자신의 미래 준비와 연결 고리를 찾기 위해 노력하게 된다. 어쩌면 미래를 전망하고 미래 자신의 모습을 생각하고 상상해 보는 과정을 재미있는 게임에 비유할 수 있을지도 모르겠다. 일종의 미래 맞히기 게임이라고 부를 수 있다. 과거는 이미 알려져 있어서 재미가 덜하다. 그러나 미래는 누구도 확실히 알 수 없기 때문에 항상 흥미와 스릴을 가져다줄 수 있다.

하루하루를 그냥 살아간다고 생각하기보다 지금 이 순간을 자신이 투자하고 있다거나 미래를 위해 저축하고 있다고 가정해 보자. 그러면 삶이 성실함과 유쾌함으로 가득 차게 될 것이다. 미래를 준비하는 과정이 현재의 성과도 높일 수 있으므로 현재와 미래라는 두 마리 토끼를 동시에 잡을 수 있는 방법이기도 하다.

투자는 곧바로 희망을 의미한다. 녹록지 않은 현실 속에서도 강한 희망과 낙관을 갖고 있다면 사람들은 씩씩하게 살아갈 수 있다. 강한 희망은 현재를 치열하게 살아갈 수 있는 추진력을 제공해 준다. 투자는 한 인간이 가진 시계를 더욱 길게 만들어 주는 기능을 담당한다. 멀리 보고 살아가는 사람은 현재 주어진 과제로 인해 지나치게 속병을 앓거나 불편해하지 않게 된다. 이는 시야가 넓은 사람과 좁은 사람의 차이라고 보면 된다.

"저 멀리 저마다의 정상을 향해서!" 이 얼마나 감동적인 슬로건인가! 그냥 근근이 먹고 살거나 잘 되는 정도가 아니라 미래의 멋진 자화상을 그리면서 나아갈 수 있다면 인간이 가진 엄청난 잠재력을 끌어내는 또 하나의 대단한 방법임에 틀림없다.

"모험가처럼 생각하고
    완벽을 추구하라"

톰 피터스는 비즈니스맨에게 가장 영향력 있는 인물 중 한 사람이다. '사상가 50'에 따르면 그는 하버드 대학교의 마이클 포터, 작고한 피터 드러커 교수와 더불어 가장 큰 영향력을 가진 인물로 손꼽힌다. 『이코노미스트』는 톰 피터스를 두고 '경영 그루 중의 그루'라면서 찬사를 아끼지 않았다.

코넬 대학교에서 토목공학을 전공한 그는 1966년 스탠포드 대학교의 비즈니스스쿨에서 경영학으로 MBA와 박사학위를 받았다. 1974~1981년 맥킨지에서 근무했고, 연구 경험을 바탕으로 프리에이전트로 활동하기 시작한 1981년 공저로 출간한 『초우량 기업의 조건』으로 명성을 얻었다. 그의 처녀작은 미국 공영 라디오 방송에서 '20세기의 3대 경영서' 가운데 한 권으로 꼽힐 정도였다. 이후 그는 『톰 피터스의 경영혁명』, 『해방경영』, 『톰 피터스 경영파괴』, 『Wow 프로젝트』, 『미래를 경영하라』 등으로 작가로서 명성을 떨쳤다.

선동적이면서도 파격적인 아이디어와 제안을 제시하다 보니 독자의 평도 크게 나눠지는데, 그를 좋아하는 사람들이 있는 반면에 황당한 사람으로 여기는 경우도 있다. 그는 분명하게 미래 인재의 조건이란 주제로 이야기하지 않았지만, 톰 피터스 에센셜(Tom Peters Essentials) 중 『인재』(2006)에서 미래 인재 조건에 해당하는 내용을 충분히 찾을 수 있다. 그는 미래의 인재에 대해 다음과 같이 신념에 찬 전망을 제시하고 있다.

앞으로 노동시장이 포화 상태에 이르러도 여전히 인재는 부족할 것이다. '재능'은 '노동력'과 차원이 다르다. '머릿수'와도 상관이 없기 때문이다. 인재는 직장 노예가 아니라 '독특함'에서 높은 점수를 받는 사람이다. 당신에게 진정한 독특함이 있다면 온 세상이 당신의 도움을 구하기 위해 줄을 서서 기다릴 것이다. [……] 우리는 당장 현실에서는 그렇게 못하지만 최소한 정신적으로라도 '독립 계약자(Independent Contractors)'가 되어야 한다. 우리는 자신이 유일무이함을 증명해야 한다. 흔한 화이트칼라 직장인이 아니라 진정한 비즈니스맨으로 자신을 개조해야 한다. 새로운 나와 당신은 그저 조직에 잘 적응하고 일을 잘하는 사람이 아니라 위험을 반기고 혁신적이며 자부심이 강한 모험가다.

『인재』(톰 피터스, 21세기북스, 2006, pp.19,22).

미래 인재는 무엇을 준비해야 하는가? 다른 저자들처럼 능력이란 용어를 사용하지 않고 어떤 태도를 준비하라고 권한다. 이를테면 그는 미래 인재가 갖추어야 할 열 가지 태도를 '생존 도구'로 받아들여야 한다고 말했다. 톰 피터스가 제시한 생존을 위한 도구 열 가지를 동사에서 명사로 바꾸면 도움이 될 것이다. 예를 들어 "모험가처럼 생각하라"라는 태도를 '모험가처럼 생각하는 능력'으로 바꿀 수 있다. 톰 피터스가 제안하는 '미래 인재를 위한 열 가지 생존 도구'를 살펴보자.

첫째, 모험가처럼 생각하라 → 모험가처럼 생각하는 능력

현재 직장에 몸담고 있더라도 스스로를 독립된 하나의 회사, 즉 '나 주식회사'로 생각한다. 그리고 자신이 하고 있는 일을 하나의 쇼 비즈니스로 받아들이고, 매번 행하는 쇼 비즈니스가 일상의 업무나 반복이 아니라 그를 통해 스스로의 '시장 가치'를 높이는 데 기여할 수 있어야 한다. 스스로를 팀의 일원이 아니라 '브랜드 유(Brand You!)'로 가정해 생각하고 행동해야 한다.

둘째, 성과로 말하라 → 세일즈 능력

성과로 말할 수 있어야 하는데, 여기서 성과는 수입의 증가를 말한다. 프로젝트를 책임지고 있는 사람은 항상 '숫자'에 민감해야 하고 손익계산서와 대차대조표를 중심으로 자신의 프로젝트를 대해야 한다. 무엇을 할 계획인지가 아니라 실행된 것을 중심으로 바라보아야 한다. 무엇을 시도했다는 것보다 무엇을 팔았다는 것이 중요하다. 톰 피터스의 말을 빌면 "인생은 판매다"라는 한마디로 요약할 수 있다.

셋째, 마케팅을 터득하라 → 마케팅 능력

자신을 널리 알릴 수 있어야 한다. 이런 점에서 매번 실시하는 프로 젝트는 주변에 자신을 알리는 훌륭한 수단이자 도구이면서 기회가 되어 야 한다. 이를 통해 자신의 관점과 가치, 성과를 적극적으로 알려야 한 다. '일은 자신을 세상에 알리는 대단한 기회'라는 이야기는 아주 멋진 주장이다.

넷째, 완벽을 추구하라 → 최고를 추구하는 능력

톰 피터스는 "화이트칼라가 멸망하는 속에서 살아남으려면 [……] 명 인의 반열에 올라야 한다"라고 말한다. 여기서 명인은 그 분야에서는 최고의 전문가가 되어야 한다는 말이다. 그렇다면 어느 수준까지 자신 의 기량을 갈고 닦아야 하는가. 톰 피터스는 완벽을 추구하는 것이 독 특한 기술을 배우는 것 이상이라고 말한다. 세일즈 분야에서 대가로 통 하는 지그 지글러의 표현을 빌면 일이나 삶과 관련해 항상 'Better Than Good(최고)'이 되어야 한다.

다섯째, 모호함 속에서 번영하라 → 불확실함과 더불어 사는 능력

내일이 어떻게 바뀔지 내다보는 것은 어려운 일이다. 그러므로 불확실함이나 모호함과 더불어 살아갈 수 있는 능력을 갖추어야 한다. 한 분야에서 최정상에 섰다고 해도 어느 순간 자신의 분야가 사양화될지 알수 없다. 따라서 그런 가능성에 항상 문을 열어 두고 스트레스를 받지 않아야 한다. 그런 상황을 정상으로 받아들이고 그 속에서 자신을 화려하게 꽃 피울 수 있는 능력을 가져야 한다.

여섯째, 멋진 실패를 웃어넘기라 → 좌절을 극복하는 능력

새로운 것을 창조하다 보면 넘어질 때도 있다. 그때는 툴툴 털어 버리고 자신과 주변을 다시 일으켜 세울 수 있어야 한다. "처음부터 완벽해야 한다"는 환상은 버려라. "절대로 실수해선 안 된다"는 가정도 버려야 한다. 일이 예상하지 못한 상황으로 틀어져도 웃으면서 다시 일어설 수 있으면 된다. 이런 낙관주의로 무장하는 것도 미래 인재가 갖추어야 할 멋진 능력 가운데 하나다.

일곱째, 첨단 기술을 익히라 → 새로운 것을 학습하는 능력

새로운 기술은 자신이 속한 분야에 큰 영향을 미칠 수 있고 그 기술을 이용해 자신의 능력을 신장시킬 수도 있다. 따라서 새로운 기술에 대해 열린 자세와 마음가짐을 갖고 배우고 익혀서 자신의 프로젝트에 적극적으로 도입해야 한다. 톰 피터스는 신기술을 대할 때 "정말 멋진 기술이군. 나는 잘 다루지 못하지만 잘 다루는 사람들로 내 주위를 가득 채워야겠어. 그들한테 배워서 유용하게 써먹어야겠는걸"이라고 생각하라고 말했다.

 여덟째, 젊은이에게 머리를 조아리라 → 젊은이로부터 배우는 능력

 톰 피터스의 기준으로 보면 사람은 38.5세 이상과 미만으로 나눈다. 그 기준 이상의 사람들은 특히 젊은이로부터 기꺼이 배울 수 있어야 하고 이를 통해 자신을 끊임없이 재창조해 나가는 능력과 열의를 가져야 한다. 이따금, 혹은 자주, 그런 38.5세 이하의 유능한 젊은이를 찾아 배움을 청해야 한다.

 아홉째, 관계망을 확장하라 → 인맥 네트워크를 관리하는 능력

 과거의 로열티가 '수직적 로열티'라면 새로운 로열티는 '수평적 로열티'다. 같은 분야에 있는 전문가들과 수평적인 연대를 통해 계속 자신을 전진시켜 나가는 능력을 가져야 한다. 이에 대해 톰 피터스는 "우리 모두는 할리우드로 간다"라는 표현을 사용한다. 누군가 어떤 프로젝트를 수행한다면 그들의 머릿속에 자신을 우선적으로 떠올릴 수 있도록 해야 한다.

 열 번째, 기술 업데이트에 대한 열정을 키워라 → 경력 관리 능력

 최소 6년마다 자신이 갖고 있는 기존 기술 목록을 전면적으로 업데이트시켜야 한다. 톰은 이를 선택이 아니라 생존의 기본 조건이라고 부른다. 오래된 기술을 버리고 자신의 기술 목록에 계속 새로운 것을 더

하거나 기존의 것을 새롭게 업데이트해서 보강해야 한다.

　톰 피터스의 미래 인재에 대한 조언은 여기서 그치지 않는다. 그는 '슈퍼 인재'라는 항목을 자신의 저서에 넣고 경영자라면 이런 특성을 가진 인재를 분명히 알아봐야 한다고 강조한다. 평범함을 넘어 범상함을 지닌 인재의 특성으로 모두 아홉 가지를 들고 있다. 괄호 안은 동사를 명사로 바꾼 것으로, '슈퍼 인재의 아홉 가지 조건'이라고 이름 붙였다.

　　① 열정을 가져야 한다(열정을 만드는 능력)

　　② 남의 마음을 움직일 수 있어야 한다(남의 마음을 사로잡는 능력)

　　③ 압박감을 즐긴다(압박감을 통제할 수 있는 능력)

　　④ 행동력을 발휘한다(실행하는 능력)

　　⑤ 일을 마무리한다(마무리하는 능력)

　　⑥ 와우 점수가 높아야 한다(감탄할 수 있는 능력)

　　⑦ 호기심을 가져야 한다(호기심을 유지하는 능력)

　　⑧ 유머가 넘쳐야 한다(유머와 낙천, 위트를 만드는 능력)

　　⑨ 머리가 좋아야 한다(문제를 잘 해결하는 능력)

KI신서 6573
공병호 미래 인재의 조건

1판 1쇄 발행 2008년 5월 15일
1판 8쇄 발행 2010년 6월 4일
2판 1쇄 인쇄 2016년 5월 12일
2판 1쇄 발행 2016년 5월 20일

지은이 공병호
펴낸이 김영곤 **펴낸곳** (주)북이십일 21세기북스
출판기획팀장 신주영 **출판기획팀** 윤경선 권오권
출판사업본부장 안형태
출판영업마케팅팀 이경희 김홍선 정병철 이은혜 최성환 유선화 백세희 조윤정
홍보 이혜연 **제작** 이영민

출판등록 2000년 5월 6일 제406-2003-061호
주소 (우 10881) 경기도 파주시 회동길 201(문발동)
대표전화 031-955-2100 **팩스** 031-955-2151

경계를 허무는 콘텐츠 리더 (주)북이십일
페이스북 facebook.com/21books   블로그 b.book21.com
인스타그램 instagram.com/21cbooks   홈페이지 www.book21.com

ⓒ 공병호, 2008
ISBN 978-89-509-6520-4 13320